L A

PSYCHOLOGIE DE L'EFFORT

ET

LES DOCTRINES CONTEMPORAINES

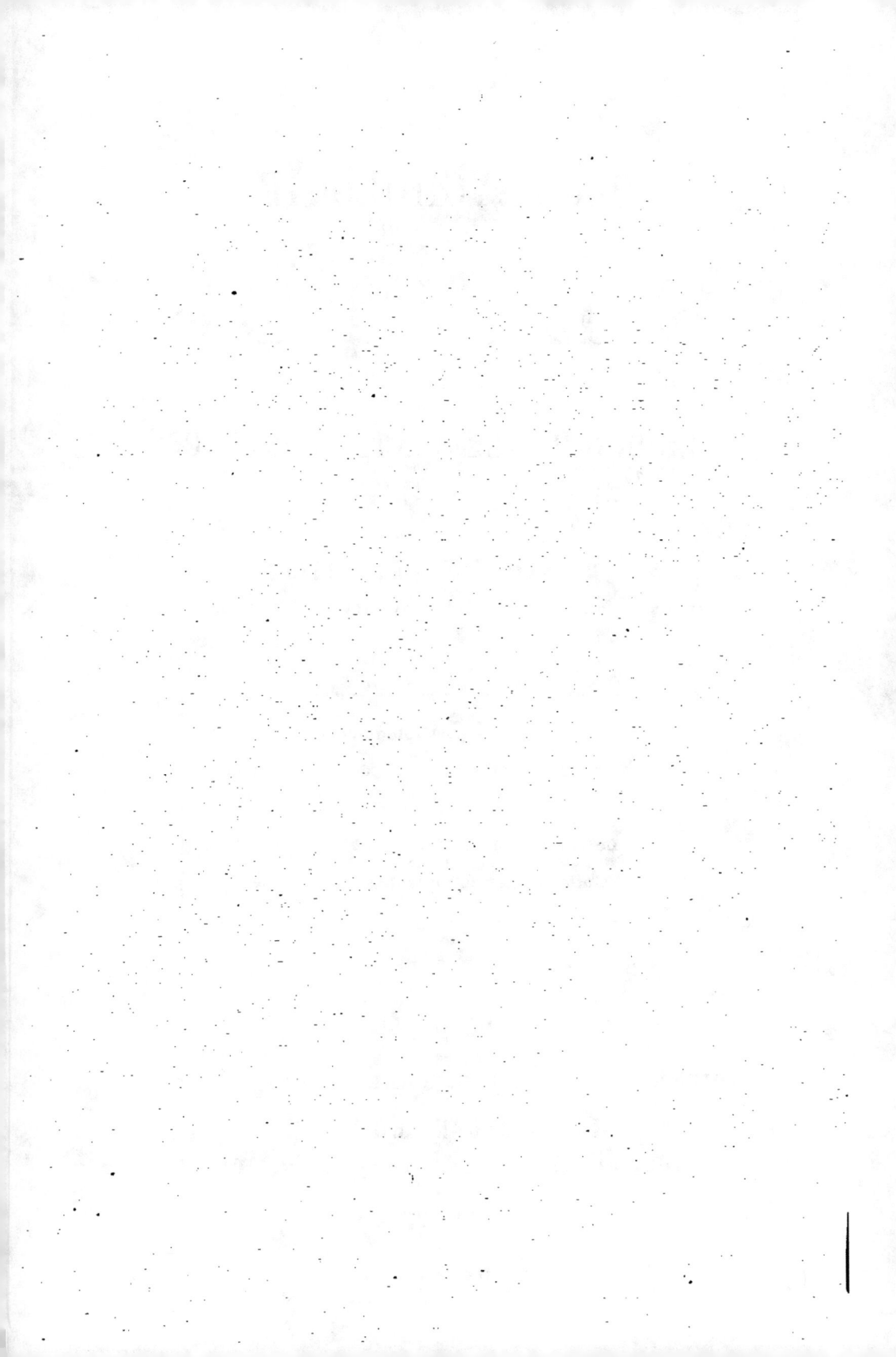

LA PSYCHOLOGIE
DE L'EFFORT

ET

LES DOCTRINES CONTEMPORAINES

PAR

ALEXIS BERTRAND

PROFESSEUR DE PHILOSOPHIE A LA FACULTÉ DES LETTRES DE LYON

Le Sens psychologique

La première théorie française de l'Inconscient

L'Effort musculaire

Le Biranisme appliqué à l'éducation

Les Relations, théorie métaphysique d'Ampère.

PARIS
ANCIENNE LIBRAIRIE GERMER BAILLIÈRE ET Cie
FÉLIX ALCAN, ÉDITEUR
108, BOULEVARD SAINT-GERMAIN, 108

—

1889

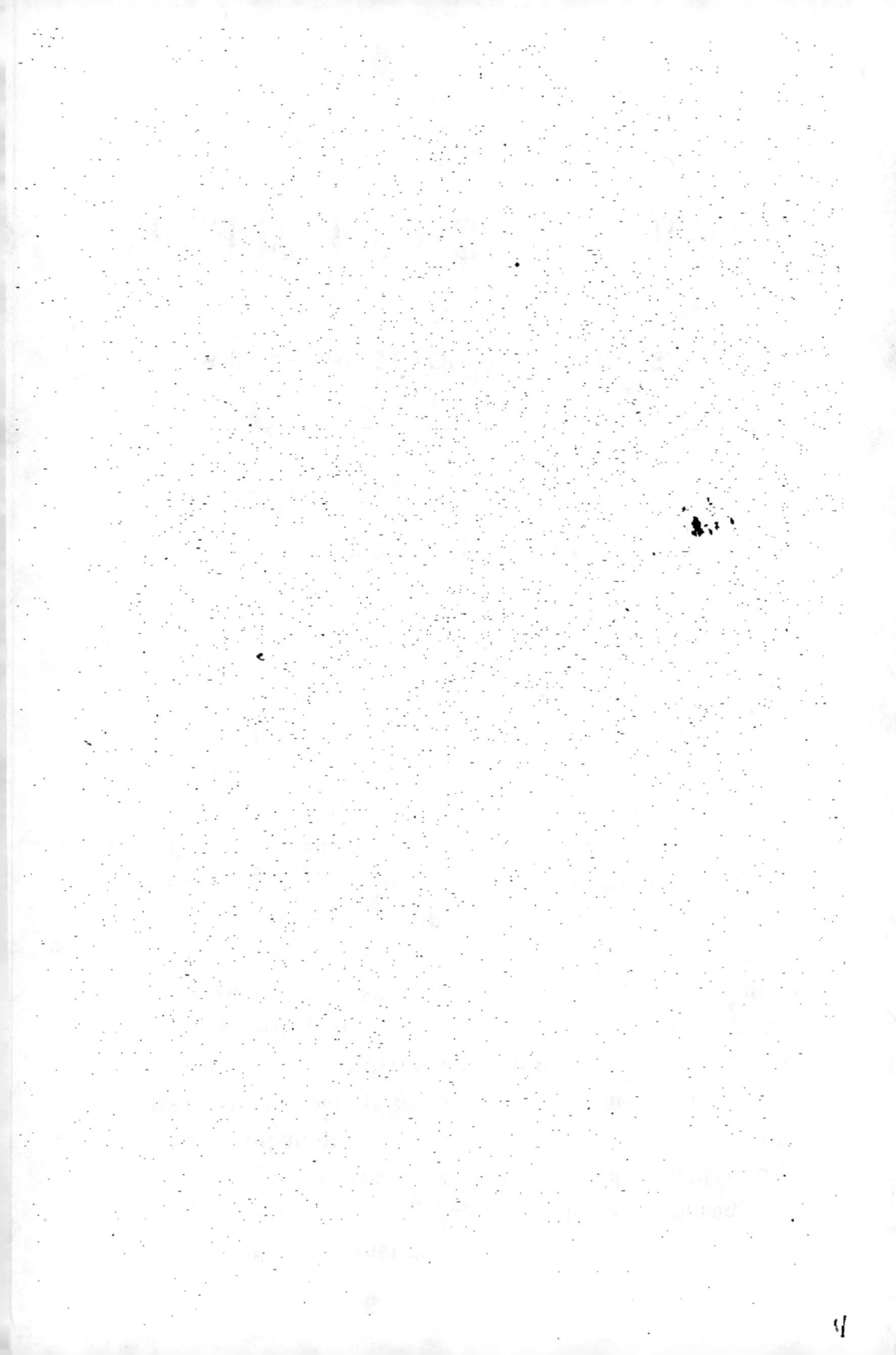

4

LA
PSYCHOLOGIE DE L'EFFORT

ET

LES DOCTRINES CONTEMPORAINES

CHAPITRE PREMIER

LE SENS PSYCHOLOGIQUE

De nombreux textes inédits de Biran, des fragments importants d'une correspondance philosophique entre Biran et Ampère, telle a été l'occasion et tel sera le principal intérêt de ce livre. Son but est de montrer l'insuffisance des doctrines psychologiques contemporaines et de prouver qu'en négligeant, en répudiant la psychologie biranienne de l'effort elles perdent en solidité et en profondeur plus qu'elles n'ont gagné en largeur et en surface. Qu'il y ait eu depuis vingt cinq ans d'heureuses innovations, d'importantes découvertes et un renouveau de la psychologie, on ne songe pas à le contester. Si Biran vivait de nos jours, la *Revue philosophique* n'aurait pas de lecteur plus assidu ni le beau livre de l'*Intelligence* d'admirateur plus compétent. Il ne renierait pas un mot de sa doctrine, mais, en accueillant beaucoup de nouveautés, il serait peut-être étonné de l'entendre appeler, un peu dédaigneusement, la *vieille* psy-

chologie. Je demande à introduire une nuance dans cette
expression : Biran et Ampère sont, en réalité, *nos anciens*
et nos maîtres. Nous vivons d'eux ; sans eux, la plupart
des travaux contemporains eussent été impossibles et
M. Th. Ribot le reconnaît lui-même quand il déclare, au
début de son livre sur les *Maladies de la mémoire*, que
l'étude descriptive du souvenir, ayant été « très bien faite
par divers auteurs », il passe outre et en étudie les conditions physiologiques. Leur œuvre est notre point de départ :
l'ignorer ce serait s'exposer à découvrir l'Amérique, acci-
dent qui est arrivé à maint explorateur contemporain parti
de la physiologie en oubliant ses cartes. Une seule chose
eût irrité Biran, c'est la prétention de faire une psychologie
sans âme et d'étudier l'homme en proscrivant la réflexion
et en supprimant la conscience. On eût difficilement réussi
à le convaincre que la conscience n'est qu'un phénomène
accessoire, surnuméraire ou, comme on dit encore, un épiphénomène. Au sujet de l'âme il se fût entendu plus aisément
avec les psychologues contemporains : l'objet du psychologue
ce n'est pas, en effet, l'âme-substance mais l'esprit ou, comme
il disait plus volontiers, le *moi*. Il est bien difficile de n'avoir
pas sur l'âme une opinion de derrière la tête, de n'être ni
spiritualiste ni matérialiste : Biran et Ampère sont des spiritualistes convaincus parce qu'ils dépassent en parfaite
connaissance de cause la psychologie purement expérimentale, mais ils reconnaîtraient sans hésiter qu'on a bien le
droit de s'arrêter à ces limites et que le problème de la
nature de l'âme est l'objet d'une autre science ; Ampère la
nommait ontologie. Comme psychologues, Biran et Ampère
consentiraient donc à ignorer l'âme et avoueraient ingénument
leur ignorance, mais qu'on n'oublie pas que tous leurs tra-

vaux sont destinés à défendre le *moi*, le *moi*, dis-je, et c'est
assez, car il est la personnalité, l'homme même. « Les progrès les plus élevés de la connaissance du moi, disait Biran,
seraient toujours à la connaissance de l'âme substantielle
dans le rapport incommensurable et infini de l'asymptote à
la courbe[1]. »

Pour la physiologie, ils la connaissaient à fond et en
faisaient usage à chaque ligne de leurs écrits : affecter de
l'oublier ce serait prendre tout juste le contre-pied de la
vérité et tomber, surtout à l'égard d'Ampère, le rival de
Cuvier, dans le plus énorme contre-sens historique qui se
puisse commettre. Que Biran soit fils de médecin, fondateur
d'une société médicale, qu'il ait eu pendant vingt ans pour
collaborateur de chaque jour le plus grand physicien du
siècle, le créateur de l'électro-dynamisme, il semble qu'il y
ait là un avertissement et comme un symbole : notre psychologie est proche parente de la physiologie et de la physique
et suivra pas à pas leurs progrès. Voyez les pages des manuscrits psychologiques de Biran et d'Ampère : elles sont, selon la pittoresque expression de Sainte-Beuve, « blasonnées
d'algèbre ». Vous trouvez dans un coin des formules chimiques, dans un autre des théorèmes de mécanique, ailleurs
des extraits raisonnés du dernier ouvrage de Bichat. Biran
a beau dire qu'il n'a pas « une tête à calculs », il savait
autant de mathématiques qu'homme de France et c'est sur
lui que comptait Cabanis pour réformer la langue des mathématiques et donner de bonnes leçons aux « algébriers »

---

[1] *Nouv. ess. d'anthrop*, part. II, chap. 1. — Voir ce qu'Ampère dit
de la psychologie dans sa classification des sciences. — J'écris partout *Biran* et non *Maine de Biran* pour la même raison qui fait
écrire Descartes tout court et non Descartes du Perron.

de profession. Ne craignez donc pas que la loi logarithmique
de Fechner l'arrête ou lui fasse peur : si vous êtes parfois
embarrassés pour suivre jusqu'au bout des calculs un peu
transcendants, Biran n'appellera pas à la rescousse son ami
Ampère, mais avec la bonne grâce de l'aristocrate de vieille
roche, il prendra lui-même la craie et sans nous humilier
nous tirera d'embarras. Il est digne en tous points d'entrer
dans le cénacle des physiologistes qui ont passé à la psychologie avec armes et bagages, avec leurs scalpels, leur curare,
leurs instruments enregistreurs et peut-être aussi leurs préjugés: à le récuser, il y aurait indélicatesse et injustice.
L'histoire parle d'une époque où tout était dieu, excepté
Dieu lui-même : aujourd'hui tout le monde est psychologue,
excepté celui qui fait profession d'étudier l'âme par le moyen
de la conscience. Quand Wolff inventa ce mot barbare de
psychologie, il n'y a guère plus d'un siècle, il ne prévoyait
pas qu'en dépit de l'étymologie, le premier devoir du psychologue serait de ne pas étudier l'âme. Il ne prévoyait sans
doute pas davantage la fortune de ce mot qui a tout envahi,
le roman, le théâtre, toute la littérature et toute la médecine :
on aime la chose, on raffole du mot. Un écrivain humoris-
tique nous dépeint un « jeune analyste » qui tient à la manière de Stendhal un journal exact de sa vie, note les détails
de toilette, relate les incidents d'une bonne fortune vulgaire,
émaille le tout de petites phrases anglaises qui ne signifient rien
et se vante avec la certitude de l'orgueil satisfait de prendre
une place d'honneur « dans le groupe des psychologues mo-
dernistes ». L'épigramme ne manquera pas d'applications.

Il serait étrange que, seule parmi les sciences et les arts,
la psychologie ne supposât chez celui qui la cultive aucune
aptitude spéciale, qu'il n'y eût pas un *sens psychologique.*

Personne ne le refusera à Biran, mais comme Ampère n'est guère connu que comme physicien, qu'on nous permette de citer une page de Sainte-Beuve où le psychologue est apprécié avec finesse : « Ceux qui ont fréquenté l'école des psychologues distingués de notre âge, dit-il, et qui ont aussi entendu les leçons dans lesquelles M. Ampère, au Collège de France, aborda la psychologie, peuvent seuls dire combien, dans sa description et son démembrement des divers groupes de faits, l'intelligence humaine leur semblait tout autrement riche et peuplée que dans les distinctions de facultés, justes sans doute, mais nues et un peu stériles, de nos autres maîtres... La quantité de remarques neuves et ingénieuses, de points profonds et piquants d'observation, qui remplissaient une leçon de M. Ampère, distrayaient aisément l'auditeur de l'ensemble du plan, que le maître oubliait aussi quelquefois, mais qu'il retrouvait tôt ou tard à travers ces détours. On se sentait bien avec lui en pleine intelligence humaine, en pleine et haute philosophie antérieure au XVIIIe siècle ; on se serait cru, à cette ampleur de discussion, avec un contemporain des Leibniz, des Malebranche, des Arnauld ; il les citait à propos familièrement, même les secondaires et les plus oubliés de ce temps-là, M. de la Chambre par exemple, et puis on se retrouvait avec le contemporain très présent de M. de Tracy et de M. de Laplace. » Il serait bien à désirer que cette page du pénétrant critique décidât un philosophe à nous donner sur Ampère un travail analogue à la savante étude de M. J. Gérard sur Biran : il aurait d'abord à refaire l'édition de ses œuvres philosophiques où les suppressions, les altérations et les transpositions du texte ont introduit une obscurité plus que métaphysique. Il est vrai qu'Arago, plus sévère que Sainte-Beuve, se plaint de ses néologismes et nous dit qu'Ampère rencontrait bien des incrédules quand, « vivement ému des entretiens qu'il venait d'avoir avec les psychologistes », il jetait « étourdiment, » sans préparation, le mot d'*émesthèse* dans une réunion de physiciens et de géomètres et soutenait que ce mot obscur, ou du moins incompris, renfermait la plus belle découverte du siècle.

« Monsieur de Biran, vous avez été sous-préfet ; voici des factieux, dispersez-les ; je vous donne des forces, trois cents soldats et un capitaine. Pour ne pas vous embarrasser, je retiens la partie inutile, le pur phénomène, l'étendue, c'est-à-dire les habits, les gibernes, les fusils et les corps. Il vous reste les forces. Marchez avec elles et faites triompher la loi[5]. » Ainsi parle M. Taine, l'adversaire qui a peut-être le plus nui à Biran et lui a enlevé le plus de lecteurs. C'est ainsi que Bayle réfutait Spinoza : il ne faut pas dire, si son système est vrai, que dix mille Allemands ont tué dix mille Turcs, mais que Dieu modifié en dix mille Allemands a tué Dieu modifié en dix mille Turcs. Si de pareils procédés de réfutation, grâce à de si grandes autorités, venaient à prendre crédit, l'histoire de la philosophie serait aussi amusante que l'histoire romaine mise en rondeaux. Biran eût ri, mais il n'eût pas été désarmé. Il eût continué à soutenir que le premier trait du sens physiologique, c'est le don de l'observation intérieure, don beaucoup plus rare qu'on ne pense. Prenez, eût-il dit, les uniformes et décrivez-les : il y en a d'éclatants et votre riche palette trouvera son emploi : prenez encore les gibernes et faites un minutieux dénombrement de tout ce qu'elles contiennent, cela amusera vos lecteurs et les fera penser ;

---

[1] *Les philosophes français du* XIXe *siècle* p. 67 (1re édit.).

démontez aussi les fusils, comptez-en les vis et les ressorts : vous avez assez de talent pour les faire passer pour documents humains ; enfin, analysez la poudre, ou plutôt faites en un brillant feu d'artifice. Je ne suis plus sous-préfet et, comme psychologue, je ne me réserve que peu de chose : les volontés, l'effort qui meut les corps porte-gibernes et porte-fusils ; je dirais l'âme si vous n'aviez ce mot en horreur. — On est toujours libre de refuser de s'engager dans ce que Biran appelle les *galeries souterraines* de la conscience, d'appeler son style du galimatias simple et de tout expliquer par des métaphores : le moi devient un « polypier d'images » et le monde une « hallucination vraie », mais quand on s'arrache aux prestiges d'un style imagé et éblouissant, et que l'on veut comprendre nettement les « ondulations inépuisables » de l' « axiome éternel » qui se prononce « au plus haut sommet de l'éther lumineux » et compose l'immensité de l'univers, il arrive parfois qu'on répète contre le critique de Biran la phrase même de M. Taine : « Je voudrais être à Berlin et subir le récit des évolutions de la substance. » Il y une clarté propre à la conscience, et la psychologie n'a rien à gagner à être traitée par un peintre impressionniste, fût-il un peintre de génie.

« Dès l'enfance, dit Biran, je me souviens que je m'étonnais de me sentir exister ; j'étais déjà porté comme par instinct à me regarder au dedans, pour savoir comment je pouvais vivre et être *moi*[1]. » Voilà le signe certain de la vocation psychologique : s'étonner d'être soi et se regarder au dedans pour s'expliquer soi-même à soi-même, c'est toute la définition du sens psychologique. Il est de mode aujour-

---

[1] *Journal intime*, 27 avril 1823.

d'hui de se moquer de ce que Maudsley appelle « l'introspec-
tion » ou encore « l'autocontemplation » ; il y aurait toutefois
peu d'opportunité à rappeler les railleries de Broussais demandant à voir les yeux et les oreilles de la conscience, ou
les antiques objections de l'œil qui voit les objets et ne se voit
pas lui-même, de l'acteur qui ne peut être à la fois sur la
scène et dans la salle pour applaudir à son jeu. L'observation intérieure n'est peut-être pas possible puisqu'on nous le
prouve, mais elle est. Maudsley est peut-être le seul physiologiste qui soit absolument conséquent avec lui-même en
refusant l'alliance des psychologues et en répondant à leurs
avances par un *non possumus* énergique : « Ce serait, dit-il,
une union contre nature qui ne pourrait produire que des
avortons et des monstres, et ces allures nous rappellent Ixion
qui, consumé par le sacrilège désir d'embrasser Junon, s'ac-
coupla avec des nuages et n'enfanta que des centaures [1]. »
A la bonne heure : tout physiologiste qui cédera, ne fût-ce
qu'une fois, à la tentation d'interroger la conscience, sera
précipité aux Enfers et exposé sur la roue! Ampère comme
Biran fut attaqué de bonne heure de cette maladie de l'observation intérieure qui est selon Maudsley une rougeole
métaphysique : « C'est en 1803, dit-il, que je commençai à
m'occuper presque exclusivement de recherches sur les phénomènes aussi variés qu'intéressants que l'intelligence humaine offre à l'observateur qui sait se soustraire à l'influence
des habitudes [2]. » Ce texte nous permet de fixer la date des
relations psychologiques d'Ampère et de Biran : c'est en
1803 qu'ils commencèrent à collaborer à cette belle entreprise que Maudsley qualifie ainsi, moudre du vent.

[1] *Physiologie de l'esprit*, p. 43 de la trad. franç.
[2] Cité par Sainte-Beuve dans sa *Notice sur Ampère*.

Il faut donc pour devenir psychologue « se soustraire à l'influence des habitudes » ; les physiologistes y consentiront difficilement, de là leur dédain pour la conscience qui prétend non se passer de leur science, mais la dépasser. Biran soutient la même opinion dans un *Discours sur l'homme*, qui nous a été gracieusement communiqué par Mme Savy, née de Biran, et qui date probablement de 1794 : « L'homme, dit-il, ne connaît rien moins que lui-même. Appliquant ses sens aux objets extérieurs, rarement il descend dans son intérieur. La nature qui lui a donné tout ce qu'il faut pour connaître les matériaux de ses besoins et qui le force à examiner sans cesse autour de lui pour veiller à sa conservation, ne semble pas l'avoir fait pour réfléchir sur son être. Nous ne sentons, en effet, que par nos sensations, et ces sensations occasionnées par les objets extérieurs nous forcent à donner notre attention à ce qui les produit sans nous éclairer sur ce qui les reçoit. » Même quand on possède le don inné de l'observation intérieure, il faut donc pour s'y livrer faire en quelque sorte violence à la nature. Elle ne se livre pas, elle résiste ; c'est une chasse et une guerre pareilles à celles que Bacon recommande au physicien, et qu'il nomme « la chasse de Pan ». Vaincre les habitudes, ce n'est pas seulement lutter contre la seconde nature mais souvent contre la première ; si la vocation psychologique était fréquente, ce serait un miracle. Et pourtant M. Jourdain lui-même sait aujourd'hui qu'il fait de la prose et que sa prose est de la psychologie.

Ce n'est pas tout ; le psychologue est un malade, un cas pathologique, et, à ce titre du moins, il devrait être mieux accueilli par ceux qui l'ont momentanément supplanté, par les médecins. L'homme qui se regarde vivre est sans aucun doute un « animal dépravé ». Après tout, s'il est

prouvé que le génie est une névrose, selon l'opinion de
Moreau de Tours, qui nous revient aujourd'hui d'Italie,
l'aveu de Biran n'a rien de trop pénible : « Il n'y a guère
que les gens *malsains*, dit-il, qui se sentent exister ; ceux
qui se portent bien et les philosophes mêmes, s'occupent
plus à jouir de la vie qu'à rechercher ce que c'est. Ils ne
sont guère étonnés de se sentir exister. La santé nous porte
aux objets extérieurs, la maladie nous ramène chez nous. »
C'est qu'en même temps qu'elle multiplie les impressions,
elle décuple notre puissance d'analyse; c'est un microphone
qui amplifie les sons et un microscope qui fait apparaître ce
que les Allemands appellent le côté nocturne de l'âme.
Lucrèce voyait dans un rayon de soleil des myriades d'a-
tomes. Semblablement, le psychologue n'a qu'à projeter un
rayon d'attention dans la chambre obscure de la conscience
pour y découvrir des myriades de sensations infinitésimales.
Dites si vous voulez que ce n'est pas un privilège mais une
maladie, et que Rousseau a raison de soutenir qu'en vertu
de notre organisation nous sommes plutôt prédestinés à être
postillons que philosophes; le fait subsiste et ne saurait être
révoqué en doute. L'homme des sens, l'homme des habitudes,
l'homme trop bien portant, ne seront jamais psychologues
qu'à demi.

Où il n'y a rien, dit un vieux proverbe, le roi perd ses
droits; la conscience les perd aussi, et tel aurait beau se
mettre à la torture pour découvrir en soi-même un monde
d'impressions, il ne verrait que la nuit et n'entendrait que le
silence. La conscience ne peut découvrir en nous que ce
qu'y ont laissé la vie et ses épreuves, la pensée et ses tour-
ments. Au premier aspect, Biran semble être l'homme calme,
réglé, compassé par excellence. Voyez son portrait : ses

traits sont fins et délicats comme ceux d'une femme ; ses yeux bleus et son regard franc, ses traits pâles et un peu amaigris, la distinction toute aristocratique de sa personne, annoncent une âme recueillie et bienveillante, un esprit méditatif et en même temps un homme du monde accompli. Au contraire, les profonds sillons du visage d'Ampère, l'éclat de son regard, la brusquerie de sa parole, ses « colères d'agneau », aussi violentes que vite apaisées, témoignent des combats intérieurs et d'une habitude concentrée d'intense méditation. Mais en dépit de ces différences, ce sont des âmes passionnées et violemment remuées toutes deux par le contre-coup des événements contemporains. Biran, l'ancien cent-gardes licencié, avait eu le bras effleuré par une balle aux journées des 5 et 6 octobre, et avait emporté dans sa retraite de Grateloup le tragique souvenir des grandes scènes de la Révolution. Ampère, dans sa solitude de Poleymieux, après avoir salué avec enthousiasme la chute de la Bastille, avait vu périr son père sur l'échafaud révolutionnaire et le coup avait été si terrible que l'on craignit longtemps pour sa raison. L'amant passionné de Julie, l'auteur de l'éloquente prière sur une tombe, prière admirée par Sainte-Beuve et comparable aux plus belles pages de Pascal, avait connu ce qu'il y a d'extrême dans l'amour et dans le désespoir. On serait tenté de faire la psychologie de ces deux psychologues et pour ainsi dire le portrait du peintre, si l'étude de Sainte-Beuve et surtout le cahier d'*Amorum*, pour Ampère, les travaux de M. E. Naville, et surtout le *Journal intime*, pour Biran, ne montraient pas surabondamment ce que nous ne pouvons qu'indiquer en passant.

On remarque d'abord chez Biran une tendance presque invincible à se laisser vivre de la vie universelle et à regar-

der couler en lui le flot des impressions sans rien faire pour
modifier le cours changeant des événements. Aux champs,
où il vit le plus qu'il peut, à la Chambre, où le retiennent
ses fonctions de questeur, il agit peu, il regarde agir ; il est
heureux quand le ciel rit, gémit et s'abandonne au découragement quand il se voile de nuages. C'est dans sa conscience
qu'il note les variations atmosphériques avec la même précision minutieuse qu'un physicien qui consulte son baro-
mètre. C'est une âme ployable et malléable, faite pour les
contemplations du panthéisme et les rêveries du mysticisme.
Ses impressions se succèdent, mobiles, ondoyantes et diverses,
mais si l'esprit est délicat, raffiné, on dirait presque volup-
tueux, le cœur est ferme et le caractère viril. Il sera le premier à protester au nom de la dignité humaine contre le règne
de la force et le despotisme impérial. Par une sorte d'intense
réaction contre son tempérament il se fait stoïcien, méprise
la force et divinise l'effort. Ce ne furent point ses convictions religieuses mais bien son tempérament moral qui le
conduisit au mysticisme final : sa religiosité fut toujours un
assez vague ; le fonctionnaire entrait à l'église un peu « pour
l'édification [1] », et l'homme pour revoir la « tombe de son
amie, de la mère de ses enfants ». S'il reconnut trois vies
dans l'homme, celle des sens toute passive, celle de l'effort
toute volontaire, celle de l'esprit toute mystique, c'est qu'il
les expérimenta en lui-même ; il devait commencer par le
sensualisme qui absorbe la vie dans les impressions du dehors
et finir par le mysticisme qui absorbe la vie dans le grand
tout, puis s'abandonne à une toute divine Providence. Sa
vertu est avant tout la vertu contemplative d'Aristote, la

[1] *Journal intime*, 28 sep. 1817.

pensée de la pensée. Il erre, dit-il, comme un somnambule dans le monde des affaires.

A beaucoup d'égards Ampère fait avec son ami le plus complet contraste : l'un est un Montaigne, l'autre est un Pascal. Il ne s'abandonne pas au cours paisible de la nature universelle, mais la nature pénètre en lui avec violence, avec effraction. Il passe par des alternatives de foi enthousiaste et de sombre incrédulité. S'il aime, c'est par un coup de foudre. Sa vie est un drame intérieur où tout se passe par coups de théâtre et subites péripéties. Il est trente ans insensible à la musique qu'il ne comprend qu'en physicien et tout d'un coup, en écoutant une mélodie douce et expressive, il est transporté dans un monde nouveau et verse d'abondantes larmes : c'est comme si Pythagore eût subitement entendu l'harmonie des sphères. Il est myope, et un jour qu'un de ses amis, dans l'île Barbe, lui met par hasard des lunettes sur le nez, il pousse un cri d'admiration devant les splendeurs de la nature subitement révélées ; c'est comme si un poète était instantanément transporté sur le rivage de l'Océan ou au pied du mont Blanc et les voyait pour la première fois. L'épée use le fourreau : il expose un jour le système du monde à ses amis et parle treize heures consécutives. Au sortir d'une charade ou de quelque longue et minutieuse bagatelle, dit Sainte-Beuve qui le compare à un demi-dieu, il entrait dans les sphères. Tantôt il s'attache avec transport à ses recherches scientifiques, et tantôt il s'éloigne avec dégoût « de ces ennuyeuses choses ». Il a donc toute la passion et toute la fougue de pensée d'un Pascal, mais pour dépeindre les mouvements tumultueux de son âme il n'a pas son style, et c'est en pure perte que dans sa jeunesse il s'est exercé à l'art d'écrire en ébauchant des poèmes et des tragédies.

Avons-nous réussi à dégager les traits principaux du sens psychologique, ceux qui caractérisent et déterminent la vocation ? Le goût inné et comme l'instinct de l'observation de soi-même ; l'habitude persévérante d'écarter les fantômes des sens et de se regarder au dedans ; un sentiment exquis des nuances les plus fines et des changements les plus fugitifs du tableau intérieur ; une organisation impressionnable et presque maladive qui multiplie les impressions, les avive, en renouvelle incessamment le mouvant tableau ; une curiosité inquiète et toujours en éveil qui note au passage les moindres variations de la sensibilité et discerne les uns des autres les divers états d'âme avec une précision merveilleuse et une délicatesse infaillible ; une âme sonore, vibrante, qu'aucun bruit du dehors ne frappe sans la faire résonner, et un trésor inépuisable d'impressions accumulées où la réflexion n'a qu'à puiser pour raviver continuellement l'intérêt de son enquête ; une vie solitaire et recueillie, alternant avec l'agitation des passions ou succédant aux labeurs de la pensée et aux fatigues des affaires ; enfin des temps troublés où l'âme se trouve, selon un mot d'Ampère, comme le grain entre deux meules, et une époque tragique qui bouleverse l'âme et la remue dans ses dernières profondeurs. En vérité, si la nouvelle psychologie remplace tout cela par des procédés elle mérite bien notre reconnaissance, et nous devons la remercier du fond du cœur, car elle nous épargnera bien des déboires et bien des souffrances ; grâce à elle, il y aura désormais beaucoup d'appelés et beaucoup d'élus.

En psychologie, il y a l'art et il y a le métier. Le métier comprend tous les procédés accessoires d'observation, et le mot n'a rien de désobligeant puisque Louis XIV disait bien : mon métier de roi. Qu'un Weber promène sur notre peau les

pointes mousses d'un compas jusqu'à ce que nous soyons ta-
toués de « cercles de sensation », je ne raillerai pas ces recherches minutieuses et je me garderai bien de rappeler les
plaisanteries d'Aristophane sur les philosophes qui passent
leur temps à mesurer la longueur du saut d'une puce. De
même, on est heureux de savoir à un millionième près à
quelle distance une boule de liège doit être d'une plaque de
verre pour que l'oreille saisisse le plus petit bruit perceptible
qu'elle fait en tombant. Il y aurait de l'indiscrétion à rappeler
avec Port-Royal qu'il y a parfois dans les sciences « des re-
coins et des enfoncements fort peu utiles ». Mais tout cela,
c'est le métier, ce sont les artifices d'expérimentation. Claude
Bernard disait qu'en physiologie il existe « un sentiment particulier, un *quid proprium* » qui constitue l'originalité, l'invention et le génie de chacun. Ce sentiment particulier existe
aussi en psychologie, et ceux qui en sont doués sont supérieurs
à ceux qui passent leur vie à ces expériences que Claude Bernard appelait « des expériences pour voir », et qu'il se gar-
dait bien de dédaigner. En attendant qu'il soit positivement
démontré que la qualité est réductible à la quantité, la loi
logarithmique de Fechner sera toujours un des plus beaux
ornements de nos traités de psychologie, et s'il est vrai que
les sensations ne croissent qu'en progression arithmétique
quand les sensations croissent en progression géométrique,
il faut convenir que cette découverte est une des plus précieuses conquêtes psychologiques de notre temps. Tout en
regrettant que l'usage trop exclusif de ces procédés accessoires porte nos observateurs à regarder la conscience comme
un simple phénomène surnuméraire, à négliger dans l'analyse du souvenir le fait de la reconnaissance qui est l'essentiel, à décrire l'attention comme un état de mono-idéisme

sans tenir compte de l'énergie intime qui crée ou maintient cet état singulier, on doit convenir que la psychologie entrée résolument dans cette voie nouvelle n'en sortira plus et aura raison de n'en pas sortir.

Ce qu'il est profondément injuste de méconnaître c'est que Biran et Ampère ont appelé au secours de l'observation intérieure tous les procédés d'information que la science de leur temps pouvait leur fournir. Ils n'ont oublié ni la physiologie qui est leur science favorite, ni l'étude du langage, sur lequel Biran a beaucoup écrit, ni la psychologie comparée, ni l'observation des cas pathologiques et tératologiques. Ils ne furent ni des abstracteurs de quintescence, ni des inventeurs de facultés. A vrai dire ce n'est nullement, comme on le répète, la psychologie anglaise qui nous a initiés à ces recherches ; la pratique s'en trouve entièrement chez nos deux psychologues et la théorie chez Aug. Comte, un grand psychologue, ennemi de la psychologie. Qu'on veuille bien relire la 45e leçon du *Cours de philosophie positive* et l'on s'étonnera une fois de plus de l'obstination que nous mettons à prendre le mot d'ordre en Angleterre ou en Allemagne.

Comte passe rapidement, et pour cause, sur ce qu'il appelle l'analyse « des diverses facultés élémentaires », car il est difficile de la tenter sans recourir à la réflexion de l'esprit sur lui-même. Quand il nous propose « une construction philosophique de la physiologie cérébrale », il remplace l'histoire de l'esprit par le roman du cerveau. Biran admet ce parallélisme du cerveau et de l'esprit dans toute son étendue, pourvu que l'on convienne que « rien ne peut dispenser de recourir d'abord à cette analyse première du sens intime qui seule nous apprend à connaître ce que nous sommes et ce que nous faisons

et sentons » ; pourvu aussi que l'on distingue toujours « deux
sortes de connaissances qui ne doivent jamais être confon-
dues, savoir la connaissance objective des moyens ou instruments organiques par lesquels nos facultés intellectuelles
peuvent s'exercer, et la connaissance intérieure ou réflexe
de cet exercice ou de ses résultats positifs [1] ». Ce sont exactement les restrictions que Stuart-Mill devait apporter plus
tard dans son ouvrage sur Auguste Comte aux thèses psychologiques du fondateur du positivisme. « Il faut toujours
partir, dit-il, d'une étude psychologique directe portée à un
haut point de perfection [2]. » Par elle-même la physiologie est
aussi étrangère que la physique aux faits de conscience.

Reprochera-t-on à Biran et à Ampère d'avoir négligé
l'observation des animaux? Comte a mille fois raison de
railler ceux qui du haut de leur suprématie « jugent les animaux comme un despote envisage ses sujets », c'est-à-dire
en masse et sans apercevoir entre eux de différence notable,
parce qu'ils sont tous devant leurs yeux comme s'ils n'étaient
pas. Qu'on lise l'amusant récit où Arago nous montre Ampère mis au défi par un ami, à l'occasion de sa querelle avec
Cuvier, de rétablir les intermédiaires entre l'homme et l'es-
cargot : « Ampère prit lui-même pendant quelques secondes
sa bonne part à la gaîté que cette saillie provoqua parmi
toutes les personnes présentes ; mais bientôt il entra sérieu-
sement dans la question risible qu'on venait de lui présenter ; il la traita avec une grande profondeur ; il montra des
connaissances si étendues en anatomie et en histoire naturelle, il signala des ressemblances, des analogies tellement

---

[1] *Science et psychologie : Nouv. œuv. inéd. de Maine de Biran*,
publiées par A. Bertrand, p. 48.

[2] *Aug. Comte et le positivisme*, trad. Clémenceau, p. 66.

ingénieuses... que pour l'honneur de l'espèce humaine nous
nous surprîmes à regretter que le terme de comparaison
offert à Ampère eût été pris si bas dans l'échelle animale [1]. »
La parenté de l'homme et de l'animal est un des plus constants sujets de méditation de Biran ; c'est presque l'unique
objet du discours inédit sur l'homme que nous avons déjà
cité. On y lit par exemple : « La nature ne tranche pas
dans ses ouvrages; elle marche par nuances insensibles
comme un habile peintre dans une bonne dégradation de
couleurs... Parce que l'homme tient un rang plus élevé dans
l'échelle, faudra-t-il nier tous les rapports qu'il a avec les
bêtes dont l'organisation se rapproche tant de la sienne? »
Plus tard, préoccupé de séparer la vie humaine de la vie
animale, il modifiera ses premières opinions, mais à aucune
époque il ne négligera les termes de comparaison empruntés
à la série animale.

Ce n'est certes pas lui qu'il faut accuser de n'étudier que
« l'homme blanc, adulte et civilisé ». Les sauvages l'intéressent, et s'il ne les connaît que par M. de Buffon, qu'on
nous cite le psychologue de notre temps, qui a fait le tour du
monde pour les voir de près : nous avons, il est vrai, le Jar-
din d'acclimatation. Biran se pose cette question dans le
Discours sur l'homme : pourquoi l'inquiétude, inconnue à
l'animal, est-elle naturelle à l'homme, aussi bien sauvage que
civilisé ? « Pourquoi ces hommes qui ne paraissent pas
avoir autant d'idée, pour la plupart, que les espèces indus-
trieuses d'animaux, ne restent-ils pas assoupis comme eux
dans l'intervalle qui sépare leurs besoins satisfaits de leurs
besoins renaissants ? » Il répond en disant qu'il existe peut-

[1] Arago, *Notice sur Ampère,* p. 74.

être « une activité d'âme particulière à notre espèce » et se
demande si cette activité, sans but apparent, résulte d'un
regret inconscient et d'un vague sentiment de déchéance, ou
bien si elle annonce une destinée supérieure et le pressenti-
ment d'une plus haute perfection. Nos deux psychologues
sont trop disciples de Cabanis pour avoir oublié la psychologie de l'enfant : Cabanis, on le sait, faisait même une sorte
de psychologie du fœtus pour expliquer l'innéité des penchants. Quant aux cas pathologiques, qui n'a remarqué, en
lisant Biran, combien de fois il cite Barthez, Rey-Régis et
son paralytique ? On pourait transcrire aussi une belle lettre
inédite d'Ampère sur une observation d'aveugle-né qui, une
fois opéré, vit les objets en projection sur un plan et reconnut
ainsi un vase à ses deux anses. Comte a quelque mérite
à vanter l'étude de l'aliénation puisqu'il avait été pen-
sionnaire d'Equirol pendant sa « crise cérébrale ». On sait
que Biran composa ses *Nouvelles considérations sur les
rapports du physique et du moral* pour servir de base
à un cours sur l'aliénation mentale que devait faire le médecin Royer-Collard. Bref, on cherche vainement quels procédés d'information et de recherches auraient été négligés
par nos deux psychologues, et ce que les Anglais ont pu
ajouter d'important au tableau des procédés psychologiques
tracé par Comte. Ajoutons que Biran vit le premier l'utilité que pouvaient avoir les rêveries du magnétisme. Il ne
les méprise pas et professe « qu'il faut se garder sur tel ou
tel sujet d'une crédulité trop aveugle comme d'un scepticisme
trop absolu ». Il nous donne par anticipation une explication
du phénomène de suggestion. Quant à Ampère, il va encore
plus loin que son ami et Arago le raille de sa crédulité.
Arago n'est pas loin de considérer le magnétisme « comme

une branche de l'art de l'escamoteur » ; il explique qu'Ampère avait justement ce qu'il fallait pour croire à toutes ces billevesées et à toutes ces jongleries : un peu de myopie et beaucoup de candeur. Arago trouve qu'il faut être un peu fou pour croire qu'un homme a pu « lire un billet avec le coude » ou bien « observer une étoile avec le genou ». Nos hypnotiseurs riraient aujourd'hui de ces prétendues merveilles et hausseraient les épaules en disant que c'est l'enfance de l'art : tel jure sur leur parole et croit fermement aux suggestions à distance ou à longue échéance qui vous appelle rêveur et songe-creux si vous essayez de réhabiliter l'observation par la conscience.

Auguste Comte recommandait encore d'enrichir la psychologie de nombreuses monographies d'hommes doués d'aptitudes remarquables dans tous les genres : mathématiciens, artistes, grands capitaines, hommes politiques. Il disait à ce propos que c'est une « aberration grossière » que de supposer que tous les mathématiciens se ressemblent : « Ce qu'on nomme l'aptitude mathématique, loin de constituer aucune aptitude isolée et spéciale, présente toutes les variétés que peut offrir en général l'esprit humain dans tous ses autres exercices quelconques, par les différentes combinaisons des vraies facultés élémentaires. C'est ainsi que tel géomètre a surtout brillé par la sagacité de ses inventions, tel autre par la force et l'étendue de ses combinaisons, un troisième par le génie du langage manifesté dans l'heureux choix de ses notions et dans la perfection de son style algébrique, etc. » Quoi donc ? La psychologie ferait-elle exception à cette règle si juste et si bien formulée ? Est-ce donc pour les seuls psychologues qu'il est faux de dire qu'il y a plusieurs places dans la maison du Seigneur ? Ne contestons pas le mérite de nos contemporains et soyons franchement de notre temps, mais, avec la même tolérance et la même largeur de vues que Comte parlant des mathématiciens, convenons que Biran a reçu en partage la *sagacité pénétrante* et Ampère la *force et l'étendue des combinaisons*.

Il ne sera pas difficile au lecteur de rattacher les études qui vont suivre à la théorie des *trois vies* de Biran. Pourtant la théorie des relations des noumènes qu'Ampère regardait comme sa part personnelle dans la construction du système commun, correspond mal à la troisième vie, celle de l'esprit qui par conséquent semblera complètement omise. La raison en est simple : d'abord la théorie des relations est à nos yeux le véritable couronnement du biranisme, bien que Biran ne l'ait jamais entièrement acceptée ; ensuite il fallait à toute force, pour ne point sortir de la science, écarter le mysticisme qui est bien moins une théorie scientifique que le tempérament particulier d'une âme. Il serait impossible de lui faire sa part : dès qu'on s'y abandonne il envahit tout et répand sur la pensée tout entière ses teintes grises ou roses. Malgré ses séductions, ou plutôt à cause de ses séductions, il fallait donc se cuirasser d'un triple airain et tâcher d'avoir un peu de géométrie à la place du cœur : voilà pourquoi cet ouvrage se termine par l'exposition et la discussion de la théorie des relations. On peut admirer, goûter le mysticisme, il ne faut pas l'analyser ; l'analyse du mysticisme en laisserait toujours évaporer le parfum et le charme ; ce serait, comme dit Montaigne, « poésie sophistiquée ».

CHAPITRE II

LA PREMIÈRE THÉORIE FRANÇAISE DE L'INCONSCIENT

Depuis près de vingt ans l'inconscient est dieu et M. de Hartmann est son prophète. S'il y a encore des esprits mal faits qui hésitent à l'ériger en principe universel et à lui confier le gouvernement de la nature et de l'humanité, du moins n'éprouvent-ils aucun scrupule à en faire en toute occasion le *deus ex machina* de la psychologie. S'il n'est pas tout, convenons du moins qu'il explique tout et bien plus commodément que les vertus dormitives et l'horreur du vide. La métaphysique de l'inconscient appartient incontestablement à l'Allemagne : le livre, j'allais dire le poème de M. de Hartmann est la dernière des grandes épopées métaphysiques d'outre-Rhin. Il serait facile de démontrer que toute la partie vraiment scientifique et durable de cette théorie célèbre est d'origine française, et que c'est une conquête de nos physiologistes, des Perrault, des Barthez, des Bichat, des Cabanis. Dans l'opuscule qui fait l'objet de ce chapitre, opuscule resté inédit et intitulé : *Mémoire sur les perceptions obscures, ou sur les impressions affectives et les sympathies en particulier*, Biran semble s'être donné la tâche de recueillir et de coordonner en un corps de doctrine, auquel il a donné la marque originale de sa propre philosophie, l'enseignement traditionnel de ces maîtres, non seulement de la médecine, mais encore de la psychologie française. Si la science n'a point de patrie, la vérité historique ne laisse pourtant pas périmer ses droits, et ce serait naïveté et métier de dupe que de n'oser la proclamer parce qu'elle est à notre avantage. Schopenhauer, le maître de M. de Hartmann, professait, pour notre école physiologiste, une admiration sans bornes : « Sur cinquante millions de bipèdes, disait-il, dans son langage imagé, on aurait peine à rencontrer une tête pensante telle que Bichat. Assurément, la physiologie a fait des progrès, mais sans le secours des Allemands, et grâce uniquement à Magendie, Flourens, Ch. Bell et Marshal Hall ; pourtant ces progrès n'ont pas été tels que Bichat et Cabanis en paraissent vieillis, et tous les noms que je viens de citer s'inclinent quand on prononce celui de Bichat. » Il ne veut pas qu'on écrive sur les rapports du physique et du moral avant d'avoir digéré Cabanis et Bichat, *in succum et sanguinem*, mais il assure, en revanche, qu'on peut laisser de côté « beaucoup d'écrivassiers allemands ». Les noms des physiologistes français sont rarement cités dans le volumineux ouvrage de M. de Hartmann, mais leur influence directe ou indirecte s'y fait sentir à chaque page, quoiqu'il ait fondé, selon la très juste expression de M. A. Fouillée, non la philosophie mais la mythologie de l'inconscient.

Il est de tradition de rattacher à Leibniz la théorie des perceptions obscures et je n'ai nullement l'intention de m'inscrire en faux contre cette tradition. Toutefois, chez Leibniz, la doctrine des perceptions insensibles et inconscientes est, avant tout, une conception métaphysique. La psychologie vit d'observations et ne saurait se contenter ni d'une vue théorique de l'esprit, ni de cadres vides : il fallait étendre cette vue et remplir ces cadres, et Leibniz a laissé cette tâche à d'autres. On sait qu'il entend par perceptions obscures *cogitationes cæcæ*, les impressions trop faibles ou trop confuses pour arriver jusqu'au seuil de la conscience et pour être distinctement aperçues par l'esprit Les exemples qu'il en donne sont connus : nous ne distinguons pas le son de chaque voix dans le bruit d'une foule, le choc de chaque vague dans le mugissement de la mer qui bat ses rivages, la part de chaque branche et de chaque feuille dans le murmure de la forêt agitée par le vent. Il est piquant de découvrir, dans un texte sanscrit qui remonte à près de dix siècles avant notre ère, une comparaison analogue : quand des enfants lisent en commun dans une école, le père qui entre dans cette école entend et n'entend pas, dit l'auteur, la voix de son fils. Il implique contradiction qu'une sensation totale soit composée de sensations élémentaires, rigoureusement égales à zéro; par conséquent, chaque voix, chaque vague, chaque feuille produit en nous une perception infinitésimale : Leibniz paraît être l'inventeur des infiniment petits en psychologie comme en métaphysique. Pourtant, lorsque le médecin architecte Ch. Perrault distinguait deux sortes de pensées dans l'âme, les unes claires et, comme il dit, expresses, que nous connaissons et que nous combinons en jugements et en raisonnements, les autres obscures, enveloppées, latentes, qui se manifestent dans l'action de l'âme qui construit son corps et en règle les fonctions,

Ch. Perrault devançait l'animisme de Stahl et jetait les fondements de la théorie psychologique de l'inconscient. Malheureusement, l'on ne connaît guère le médecin architecte que comme victime de Boileau et comme auteur de la colonnade du Louvre; on le cite rarement et on ne le lit plus.

I

Fils de médecin, nourri de lectures physiologiques et d'études mathématiques, Biran, simple sous-préfet de Bergerac, signala son administration par deux fondations qui passèrent inaperçues, mais qui contenaient en germe tout le développement de notre psychologie contemporaine : il créa une société médicale, pour sceller l'alliance de la psychologie et de la physiologie, et un institut pestalozzien, pour appliquer à la pédagogie et à l'éducation les découvertes psychologiques. Que faisons-nous autre chose que de reprendre en grand, et pour toute la France, l'entreprise modestement commencée à Bergerac, et qui oserait aujourd'hui se dire psychologue et se désintéresser des sciences médicales et des sciences pédagogiques? Le *Mémoire sur les perceptions obscures* fut lu, très probablement, à une des premières séances de la Société médicale, et nul sujet ne pouvait mieux convenir au but poursuivi par Biran, puisque, dans sa théorie, les perceptions obscures, situées aux confins des deux sciences, constituent le domaine commun et indivis des médecins et des psychologues. Ces phénomènes crépusculaires, cachés dans les limbes de la pensée réfléchie, jouent un rôle aussi considérable dans les maladies du corps que dans celles de l'esprit. C'est le père de la médecine qui a déclaré que le médecin philosophe est égal aux dieux, et c'est encore une pensée d'Hippocrate qui a présidé à la fondation de la Société médicale : « J'ai l'honneur de le proclamer, Messieurs, dès l'ouverture de cette société, et je me plais à le répéter encore d'après le premier de vos maîtres, la nature humaine, sous quelque face qu'on la considère, ne peut se manifester pleinement qu'à celui qui possède le système entier des connaissances physiologiques et médicales. »

Pourquoi donc avons-nous attendu, pour célébrer l'inconscient, qu'il nous revienne d'Allemagne, orné d'une auréole de nuages? Le mémoire de Biran dormait oublié dans les manuscrits inédits, et les fragments qui avaient passé dans ses autres ouvrages étaient peut-être trop disséminés pour qu'on pût aisément reconstituer de toutes pièces la théorie. Avouons-le d'ailleurs : nous respectons beaucoup Biran, mais nous touchons rarement à ses œuvres complètes. M. Taine nous a dit qu'il faut attendre qu'elles soient traduites en français et nous attendons. Les obscurités nous rebutent, — elles n'ont pas le prestige de celles qui franchissent le Rhin ou la Manche; son style nous met en fuite, — il emploie trois mots techniques où Kant s'en permettrait cent. On s'en va donc répétant, après Cousin, qu'il est le plus grand métaphysicien qui ait honoré la France depuis Malebranche, après Royer-Collard, qu'il est notre maître à tous; on s'incline devant le maître, on tire son chapeau à la métaphysique et on passe outre. Biran est bien coupable : il faut avoir feuilleté ses manuscrits pour se rendre compte des efforts étonnants qu'il a faits pour gâter son style, naturellement clair et bien français. En voici un

exemple que ses biographes et ses commentateurs ont
négligé de signaler : il fut, pour son bonheur et pour notre
malheur, quatre fois lauréat; je dis pour son bonheur, car il
trouvait, dit-il, dans ces couronnes, « sa récompense la plus
douce », et j'ajoute pour notre malheur, car, à chaque concours, il s'imposait la tâche ingrate de gâter son style. Ce
n'est pas une supposition gratuite et arbitraire, et nous
avons, sur ce point, l'aveu naïf du coupable : « J'aurais pu
même, dit-il, à propos du concours de Berlin, succédant à
celui de Copenhague, j'aurais pu même me borner à adresser
mon dernier mémoire à l'Académie étrangère, et elle aurait
cru qu'il était composé d'après son programme... Je sentis
seulement le besoin de *transformer mon langage* et de modifier le plan de ma dernière composition. » Il est beau, sans
doute, de recueillir quatre couronnes avec le même mémoire ;
mais ces déguisements et ces travestissements, lors même qu'ils
réussissent auprès des académies, ont moins de succès auprès de la postérité : parler le français de Copenhague ou de
Berlin, c'est un idéal qui n'eût pas séduit Bossuet. Sans le
respect que l'on doit à Biran, on le comparerait volontiers
à ce personnage des *Plaideurs* à qui l'on conseille d'adoucir
l'éclat de son ton et qui répond modestement : « Oui-da, j'en
ai plusieurs ! » Il vaut mieux rapprocher son cas de celui de
Malebranche, qui savait apparemment le français, mais pous-
sait l'urbanité jusqu'à employer plusieurs fois le terme barbare d'*élongabilité*, parce que son correspondant, Leibniz.
l'avait employé, et qu'il ne voulait pas l'humilier et lui laisser
entrevoir qu'il commettait un barbarisme! Nous ne possédons que de rares écrits originaux de Biran, mais nous avons,
en revanche, une foule de traductions et de transpositions,
exécutées par lui-même avec un soin déplorable. M. Taine

disait plus vrai, qu'il ne le croyait lui-même. Il faut le
retraduire en français, sauf, comme c'est le cas du mémoire
qui nous occupe, quand nous possédons sûrement la rédaction
originale. Schopenhauer disait qu'une vie humaine est une
suite de variations sur un thème donné : cette définition
caractérise parfaitement la carrière psychologique de Biran,
en dépit de ses fluctuations et de l'évolution constante de sa
doctrine.

On donnerait par anticipation une idée exacte de ce mémoire en le rapprochant de ce passage de l'*Anthropologie*
de Kant, ouvrage de fine et profonde observation, dont
Biran devait plus tard emprunter le titre : « Le champ
des représentations obscures est immense dans l'homme, de
même que dans les animaux ; au contraire, les représentations claires, celles dont la conscience est évidente, ne sont
qu'en très petit nombre et ne forment que quelques points
éclairés sur la grande carte de notre esprit[1]. » Mais Kant
et Biran, on l'a trop oublié, ont eu un maître, commun
que celui-ci nomme expressément dans son mémoire, c'est
Jean-Jacques Rousseau. Les *Confessions* nous apprennent
qu'il avait découvert en 1750 le monde intérieur des perceptions obscures et des idées inconscientes. Moraliste et
psychologue de tempérament, il avait été vivement frappé
de cette vision d'un monde souterrain et ignoré, et, facile
à l'enthousiasme comme il l'était, il avait immédiatement
formé le projet d'en peindre le mouvant tableau dans un
ouvrage qui devait être intitulé : *la Morale sensitive
ou le Matérialisme du sage*. Distrait par sa mobile imagination autant peut-être que par les traverses de sa vie, il

---

[1] *Anthropologie*, l. I, § 5.

abandonna son projet, non sans avoir consigné l'esquisse de l'ouvrage dans les lignes suivantes : « Que d'écarts on sauverait à la raison, que de vices on empêcherait de naître si l'on savait forcer l'économie animale à favoriser l'ordre moral qu'elle trouble si souvent! Les climats, les saisons, les sons, les couleurs, l'obscurité, la lumière, les éléments les aliments, le bruit, le silence, le mouvement, le repos, tout agit sur notre machine et notre âme par conséquent; tout nous offre mille prises presque assurées, pour gouverner dans leur origine les sentiments dont nous nous laissons dominer. Telle était l'idée fondamentale dont j'avais déjà jeté l'esquisse sur le papier, et dont j'espérais un effet d'autant plus sûr, pour les gens bien nés, qui, aimant sincèrement la vertu, se défient de leur faiblesse, qu'il me paraissait aisé d'en faire un livre agréable à lire, comme il l'était à composer[1]. » Biran est moins confiant et moins optimiste : il ne croit pas l'ouvrage aisé à composer, et surtout il n'espère pas régenter aussi aisément l'économie animale. C'est en psychologue plus qu'en moraliste qu'il essaye de remplir le programme de J.-J. Rousseau. Il divise son mémoire en trois parties : dans la première il traite des impressions affectives externes ou qui affectent nos cinq sens; dans la deuxième il étudie les impressions affectives internes ou qui ont leur siège dans l'organisme, dans le milieu intérieur; et dans la troisième il décrit les rapports de ces deux sortes d'affections avec la volonté, rapports qui constituent les sympathies morales et une sorte de soli-

---

[1] *Confessions*, part. II, liv. IX. — Mme de Genlis raille ce projet et n'est pas loin d'y voir des marques de matérialisme et d'athéisme: « Je n'ai jamais cru, dit-elle, que la vertu dépendit d'une bonne digestion ».

darité psychologique entre tous les hommes ou plutôt entre tous les êtres.

II

Il y a deux sortes d'inconscient : descendez l'échelle de la pensée, suivez ses dégradations progressives de la veille au rêve, de l'attention tendue et fixée à la distraction et à la rêverie, des images nettement délimitées et des souvenirs précis aux fantômes inconsistants de la fièvre et aux vagues réminiscences ; vous ne sortirez pas du domaine de l'esprit, mais vous vous enfoncerez dans une pénombre où s'évanouissent peu à peu les contours des objets et des idées ; remontez au contraire l'échelle de la vie, passez de l'action réflexe presque mécanique aux mouvements instinctifs et combinés ; de ceux-ci aux mouvements musculaires produits d'abord spontanément, puis voulus et coordonnés, librement commencés, maintenus ou suspendus ; vous sentez en quelque sorte les approches de l'âme et la vie semble pénétrée peu à peu par la pensée comme l'air par la lumière. Là le crépuscule et la nuit, ici l'aube et le jour : dans les deux cas une vaste région et une longue période d'obscurité, une éclipse partielle ou totale de la conscience. Leibniz a particulièrement observé les phénomènes inconscients du premier genre, tandis que Biran s'attache presque exclusivement à nous faire connaître ceux du second genre. Il rend sa tâche d'autant plus difficile qu'il abandonne dès le premier pas le fil de l'analogie qui guidait Leibniz. L'in-

conscient de Leibniz est une sorte de lumière diffuse qui
ne réussit pas à dissiper les ténèbres, mais qui est au fond
de même nature que la lumière concentrée et rayonnante et
s'explique par cette analogie même. Les ténèbres de l'incon-
science ne se conçoivent que par la lumière de la conscience.
Pour Leibniz, les phénomènes inconscients se passent
réellement dans l'esprit, tandis que Biran, tout en constatant leur influence sur l'esprit, les rejette entièrement
hors de lui. Dès lors, comment les comprendre et en parler,
puisqu'ils ne sont ni figurables aux sens ni traduisibles en
langage de conscience? L'opération psychologique qu'il
entreprend pourrait être assimilée aux calculs de Le Verrier
découvrant la planète Neptune au bout de sa plume : il ne la
voit pas et ne cherche pas à la voir puisqu'il la croit invisible; ce n'est pas une vision des yeux, mais une prévision
infaillible de l'esprit; il affirme qu'elle est et qu'elle se meut.
C'est un problème analogue qui se pose pour le psychologue :
étant donné les influences et les perturbations ressenties par
l'âme consciente, décrire et calculer les causes inconscientes
dont nous subissons l'action passagère ou l'ascendant durable.
On a pu dire que la théorie de l'inconscient de M. de Hartmann est au fond une théorie de la conscience universelle :
il n'en est pas de même chez Biran parce qu'il refuse,
comme il dit, « de transporter la physiologie dans la métaphysique » et n'oublie jamais que la science du corps et la
science de l'esprit sont « faites pour s'entendre, non pour se
confondre ». Ce n'est pas lui qui fera de l'organisme une
sorte d'esprit éteint ou diffus, une conscience endormie dans
l'habitude et aliénée d'avec elle-même : il est persuadé que
l'animisme se paye de métaphores et de vaines analogies et
qu'il prend innocemment, pour parler comme Leibniz, la

paille des mots pour le grain des choses. Aussi trouve-t-il impropre l'expression de perceptions obscures qui désigne depuis Leibniz les phénomènes inconscients : il lui substitue celle d'*impressions affectives* et purement vitales.

Toutes les fois qu'un de nos organes entre en exercice sous l'influence des excitations du dehors, le principe vital est toujours affecté avant l'organe et en quelque sorte averti avant le sens et avant l'esprit. On pourrait comparer ce phénomène à l'éclair qui avertit l'œil et devance le bruit du tonnerre ; il y a, pour ainsi dire, des présensations comme il y a des pressentiments ; en d'autres termes, l'objet est présent et agit sur nous avant que nous nous en apercevions. La muqueuse nasale et les papilles de la langue sont excitées par les odeurs et les saveurs avant que nous en ayons le sentiment distinct : en un mot, elles servent d'abord de toucher, ensuite d'organes spécifiques, et conséquemment on a eu raison de dire que tous les sens sont des modes du toucher. De même, toute ondulation de l'éther, toute vibration de l'air agit sur l'œil et l'oreille, mais ne produit pas nécessairement une couleur ou un son. Les Allemands ont désigné ce phénomène en disant que les particules odorantes, les dissolutions sapides, les ondulations de l'éther, les vibrations de l'air, peuvent rester en dehors du *seuil de la sensation.* C'est précisément ce phénomène qui a frappé notre psychologue et qu'il analyse avec une grande finesse, car il s'efforce de nous faire comprendre ce que sont ces excitations, dans cette période intermédiaire où elles cessent d'être purement physiques sans devenir encore vraiment psychologiques. Il y avait dans ces vues originales une sorte d'acheminement à la psychophysique : le tempérament crée en effet, en se plaçant comme intermédiaire entre l'excitation et la sensation, une sorte d'équation personnelle et, puisque l'excitation n'agit sur l'esprit qu'après avoir abandonné en quelque sorte une partie de sa puissance dans la force vitale qu'elle modifie, il n'est pas étonnant que la sensation ne croisse qu'en progression arithmétique alors que l'excitation croît en progression géométrique. Biran ne s'est pas élevé jusqu'à ces précisions mathématiques, et peut-être trop mathématiques ; mais il n'en eut pas moins, on va le voir, une intuition très nette du champ que devait fertiliser l'expérimentation moderne. Élargissant la base de la psychologie, il en fit l'anthropologie.

D'une manière générale, chaque sens, en même temps qu'il nous donne une sensation distincte *sui generis*, subit « une multitude d'influences sympathiques exercées par les corps ambiants sur les pores absorbants de la peau et par celle-ci sur divers organes internes ». Ainsi se crée le sentiment vague de l'existence, tantôt agréable, tantôt pénible, toujours variable, car il est une sorte d'harmonie des organes. Ce sentiment constitue ce que notre auteur appelle notre « atmosphère vitale », et une sorte de contagion et de solidarité qui unit tous les vivants. Qu'il y ait des sympathies et des antipathies instinctives et irrésistibles, une sorte de vertige mental qui nous entraîne à notre insu, des phénomènes d'attraction et de répulsion passionnelle d'autant plus puissants qu'ils sont plus aveugles, tous les moralistes l'ont observé. Ces mouvements sans motifs apparents ne se font pas sans raisons secrètes. Des psychologues et des médecins ont fait récemment des expériences sur la suggestion à distance qui ont suscité beaucoup d'espérances et trouvé beaucoup d'incrédules. Il ne faudrait pas les rejeter légèrement et les déclarer illusoires avec un scepticisme dédaigneux. Biran, quoique peu enclin à la crédulité super-

stitieuse, les a d'avance annoncées et en a esquissé une explication fondée sur les principes précédents : « Plusieurs
phénomènes extraordinaires, dit-il, ne tendraient-ils pas à
faire croire qu'il existe dans chaque organisation vivante
une puissance plus ou moins marquée d'agir au loin ou d'in-
fluer hors d'elle dans une certaine sphère d'activité, semblable à ces atmosphères qui entourent les planètes? » L'art
du magnétiseur et de l'hypnotiseur consisterait à étendre,
au moyen de procédés appropriés, mais dont le mode d'action est profondément ignoré, cette atmosphère vitale qui
n'est pas seulement un milieu intérieur au sein duquel vit et
se meut l'être pensant, mais qui le déborde et le dépasse. Ce
n'est là qu'une hypothèse, mais en pareille matière ne som·
mes-nous pas encore, en dépit des recherches contemporaines et des médecins de l'école de la Salpêtrière, réduits à
des suppositions ?

Hâtons-nous toutefois de sortir de l'hypothèse pour revenir aux faits. Nous avons distingué dans chaque sensation
une double activité de l'organe, l'une inconsciente, sorte de
tonicité permanente de l'organe, note fondamentale à laquelle
se joignent des notes harmoniques pour lui donner le timbre
qui constituera les cinq sensations; l'autre spécifique, qui a
le privilège de nous traduire le monde extérieur en un
monde intérieur de couleurs, de sons, d'odeurs, de saveurs.
Il s'agit maintenant d'approfondir cette distinction et de
décrire, s'il est possible, ces *postscenia vitae* où les sensations naissent dépouillées de ces costumes variés et brillants
qu'elles portent sur la scène de la conscience. L'odeur et la
saveur ne sont d'abord que des contacts des muqueuses du
nez et des papilles de la langue avec les particules odorantes
et sapides, mais la conscience ne nous avertit de ces contacts

qu'après une opération de « chimie animale » où le phénomène du toucher disparaît et s'évanouit comme dans ces
composés chimiques où l'on ne reconnaît plus les propriétés
des éléments constitutifs. Ce toucher toutefois reste un élé-
ment permanent du composé : est-ce comme odeurs que certaines émanations agissent si puissamment sur le « sixième
sens », le sens génésique ? est-ce comme saveurs que les
aliments excitent les préférences et les répugnances de l'estomac ? Par l'odeur l'animal touche et voit, et chaque espèce
a son mode odorant et sapide. Il y a plus : l'animal reconnaît à l'odeur non seulement l'espèce mais l'individu, mais
les passions qui affectent actuellement l'individu, d'où l'on
pourrait inférer que « cette atmosphère vitale dont nous
parlions tout à l'heure, se trouvant diversement modifiée suivant les passions particulières qu'éprouve l'être dont elle
émane, l'instinct seul apprend aux animaux à reconnaître
par l'odorat l'espèce de ces passions et à y conformer leurs
actes ».

Cette analyse paraîtra plus claire si on l'applique aux sens
plus intellectuels de la vue et de l'ouïe. Il y a dans l'action
des couleurs un côté mystérieux et inexpliqué : pourquoi
certaines couleurs, certaines nuances, certaines combinaisons
de couleurs nous agréent ou nous choquent en dehors de
toute considération esthétique, c'est ce qu'il serait impossible
d'expliquer si l'on ne se rappelait qu'avant d'être couleurs
elles sont des contacts, ou, pour parler plus juste, des affections inconscientes de la force vitale. Il y aurait lieu de
chercher par des observations précises et multipliées si les
couleurs ne pourraient pas produire ces effets d'attraction ou
de répulsion même sur des aveugles. Que chaque être se
fasse ou plutôt subisse un monde de couleurs favori, c'est un

fait indubitable et qu'il n'est pas aisé d'expliquer. Qui nous dira pourquoi le rouge excite la fureur du taureau? L'œil humain possède une automnésie ou mémoire spontanée grâce à laquelle il n'est jamais privé de couleurs ou vide d'images : sa vie, comme organe, est une création continuée, et c'est de l'harmonie et du désaccord de ce monde subjectif avec le monde objectif que naissent sans doute ses préférences et ses antipathies. Seulement nous n'avons plus conscience de ces couleurs, de ces images, de ce magasin de clichés du cerveau, clichés que la lumière intérieure éclaire et projette au dehors comme les personnages de la lanterne magique. Faire régner l'harmonie entre ces deux mondes n'est pas une petite entreprise : tantôt, comme dit Montaigne, on naturalise l'art, tantôt on artialise la nature. Ce qui reste acquis à la psychologie, c'est qu'il ne faut pas appliquer à l'art seulement, mais au spectacle universel des choses, la définition de Bacon : l'art, c'est l'homme ajouté à la nature, la nature vue à travers un tempérament. Même en plein repos l'œil vit, voit, projette sa lumière et ses images, éclaire la scène du monde et la peint de ses couleurs ; que sera-ce quand il est surexcité par la passion? « C'est par cette flamme vivante lancée par l'œil et modifiée selon les affections variables de l'âme sensitive qu'un être passionné électrise ceux qui l'approchent et les force en quelque sorte à se monter à son unisson. »

Le sens de l'ouïe donne lieu à des observations plus concluantes encore. Certaines voix bien timbrées font vibrer tout notre être et « vont remuer toute la sensibilité intérieure dans ses principaux foyers ». Si le son n'affectait pas directement la force vitale, non comme son, mais comme excitant, comprendrait-on que les sourds eux-mêmes recon-

nussent certains timbres et sentissent l'impression résonner
à l'épigastre? Est-ce simplement par les sons que le tam-tam
ou le gong font tomber en catalepsie les sujets prédisposés?
Biran connaissait déjà ces expériences devenues vulgaires
dans ces dernières années : « J'ai été témoin moi-même,
dit-il, des effets extraordinaires produits par les sons doux et
mélancoliques d'un harmonica. J'ai vu des personnes, trop
sensibles pour pouvoir y résister, frémir dans toutes les
parties de leur corps à la seule impression de ces sons,
s'attendrir, verser des larmes et finir par tomber en syncope. » Voilà des effets que la plus belle musique ne produit que rarement: si la musique est le plus sensuel et le
plus puissant de tous les arts, c'est qu'elle nous fait vibrer
physiquement et émeut intérieurement la force vitale comme
une note qui résonne auprès d'un piano fait résonner à
l'unisson une corde de l'instrument inconscient comme nous
le sommes nous-mêmes. Qui peut dire en effet pourquoi un
simple son peut surexciter le système nerveux, donner le
frisson et faire couler des larmes? Il n'y a là aucun sentiment esthétique et même aucune idée éveillée dans l'esprit :
c'est proprement le corps qui parle au corps. Biran donnait un exemple bien frappant qu'il a soigneusement biffé
dans une rédaction postérieure : « C'est ainsi que le fameux
saint Bernard entraînait par les prestiges de sa voix plus
que par ceux de son éloquence ces grossiers paysans du Nord
à qui il prêchait la croisade dans une langue qu'ils n'enten-
daient pas, et les faisait voler sous son étendard à la conquête de la Terre sainte. » Le psychologue a le droit de
remarquer qu'en 1823 le questeur du Corps législatif, plus
timide que le sous-préfet de Bergerac, n'avait nulle envie
de se créer des difficultés avec les missionnaires.

III

Poussant plus loin qu'on ne l'avait jamais fait l'analyse des sensations, Biran a donc découvert tout un monde de *présensations* ou d'affections purement vitales. Mais que faut il entendre par ces impressions affectives plus propices que l'ombre des plus épaisses forêts aux rêveries métaphysiques? Avant de passer à l'étude plus difficile encore des impressions affectives d'origine interne, il faut bon gré mal gré aborder et résoudre ce problème. C'est la question que lui posait Royer-Collard sous les ombrages du Luxembourg dans cette promenade dont Biran nous a conservé le récit[1] : « Dans ce qu'on appelle sensation, répondait-il, qu'on abstraie le rapport local de l'impression affective à telle partie du corps, ou à la cause ou à l'objet, ce qui reste est l'affection simple, dénuée de toute conscience de *moi* ou de tout jugement, c'est la sensation animale et ce n'est pas seulement un mouvement mécanique, comme l'entendait Descartes. » Ces affections auraient donc pour caractère de n'être ni localisées dans le corps ni rapportées à un objet par un jugement attributif. Sont-elles du moins senties à titre d'émotions agréables ou douloureuses quoique vagues, diffuses, errantes? Voilà le point précis du problème, et Biran, si paradoxale que puisse paraître son opinion, n'hésite pas : ces affections ne sont point senties et

---

1 M. J. Gérard a édité cet opuscule à la suite de son excellent et profond ouvrage sur la *Philosophie de Maine de Biran*, Paris, 1876.

nous n'en percevons que l'écho, le retentissement ou le choc en retour dans la conscience. Elles sont, dit-il, *hors du moi*, mais le moi sympathise avec elles. Inhérentes à la vie animale elles ne sauraient s'éclairer de la lumière de la conscience, car l'animal ne peut pas plus dire *je souffre* qu'il ne peut dire *je pense* ou *je suis*. Ce n'est pas que Biran lui refuse tout sentiment comme Descrates ou Malebranche, et en fasse un simple automate. Le plaisir et la douleur de l'animal ne se réfléchissant dans aucune conscience sont impersonnels : c'est la nature qui jouit et qui souffre en lui. Ainsi l'homme plongé dans le sommeil ou l'ivresse, atteint de syncope ou de léthargie, frappé par la foudre, quand il revient à lui-même et, comme on disait au XVIIe siècle, « rassemble ses esprits », trouve et constate la douleur qu'un instant auparavant il ne sentait ni ne connaissait, bien qu'elle existât déjà. L'animal n'a pas conscience de ses affections, mais il semble que ces affections soient conscientes d'elles-mêmes. Il est radicalement impuissant à rattacher ces modes passagers de son existence à un fond permanent d'existence : bref, s'il ne dit pas, s'il ne pense pas qu'il jouit et qu'il souffre, il n'en est pas moins, tant qu'il vit, une jouissance ou une souffrance, toujours variable et perpétuellement renouvelée. Ce n'est qu'une pensée discontinue et un esprit momentané. La vitalité ou l'animalité tend sans sans cesse à l'humanité, comme ces courbes qui se rapprochent sans cesse d'une limite qu'elles n'atteindront jamais.

Le plus profond des commentateurs de Biran, son ami Ampère, confirme en main endroit de ses lettres notre interprétation. « Voyez, dit-il (1807), comme les enfants suivent la lumière; comme les couleurs semblent les charmer ou les repousser ; comme certaines couleurs déplai-

sent même aux animaux, qu'elles vont jusqu'à mettre en fureur. » La conscience à son éveil ressemble au soleil à son
lever, qui éclaire la plaine blanche l'hiver, verte au printemps,
jaune l'été, mais ne crée ni la blancheur de la neige, ni la
verdure des prés, ni l'or des épis ; tout cela existait déjà.
Dans notre ignorance de ce monde de douleurs que nous portons au fond de nous-mêmes, nous cherchons souvent hors de
nous des causes chimériques de tristesse. Le pessimisme est
une sorte d'idiosyncrasie viscérale, le désordre de nos fonctions intérieures érigé en système d'explication universelle. Il
y a dans l'organisme, dit Ampère, « des affections absolument
dépourvues d'intuition » qu'il est impossible par conséquent
de connaître et de décrire, « même de savoir qu'on les a
quand on les a, comme un mélancolique, persuadé que sa tristesse vient des contrariétés qu'il éprouve, tandis qu'elle vient
d'une affection sans intuition qui, par là se dérobe entièrement à sa connaissance ». Les deux psychologues sont d'accord [1] : affections non localisées, non rapportées à un objet,
et affections sans intuitions, c'est tout un pour qui connaît
leur langue psychologique. Ampère semble même aller plus
loin que son ami : « Observez bien, dit-il ailleurs (1812), que
dans mon langage *sensation* veut dire la partie non affective
des modifications produites par les sens. Ce n'est qu'un abus

---

[1] On lit dans le *Journal intime* de Biran, à la date du 22 sep-
tembre 1814 : « J'ai vu la Société philosophique... Il s'est ouvert une
discussion sur les fondements de la science et de la langue philosophique et d'abord sur le mot *perception*. M. Ampère a exposé notre
doctrine commune sur le sentiment du *moi* et l'activité. Elle a été
attaquée par MM. Cuvier et Royer-Collard, qui refusent absolument
de reconnaître des sensations ou des impressions affectives sans *moi*,
sans conscience. Comment, disent-ils, concevoir qu'il puisse y avoir
des impressions senties sans un être sentant ? »

de mots qui a fait attacher au mot sensation des idées de peine et de plaisir. » Un médecin commettrait un abus de mots tout semblable s'il faisait consister la fracture d'un bras ou d'une jambe, non dans la lésion locale et circonscrite, mais dans la douleur qui en résulte. Ampère pousse le paradoxe plus loin encore: « Vous trouvez quelque chose de sensitif dans les émotions, désirs, craintes, terreurs, etc. Serait-ce que par hasard vous auriez lié à l'état sensitif l'idée de plaisir et de douleur? » Ampère achève ainsi de dédoubler notre être ; il y a en nous un animal qui éprouve la douleur et ne la connaît pas, et un homme qui la connaît mais ne l'éprouve pas. Pour notre malheur l'homme sympathise si bien avec l'animal qu'il souffre de ses douleurs autant et plus que lui ! Il n'en est pas moins vrai que la sensation consciente, réfléchie, est un fait exclusivement humain où il est nécessaire que nos deux vies concourent. Il est simple, c'est-à-dire aveugle dans la vitalité ; double, c'est-à-dire conscient dans l'humanité, selon cette parole chère à Biran qu'il emprunte au traité *De morbis nervorum* de Boerhaave, *homo simplex in vitalitate, duplex in humanitate*. L'animal ne se met jamais hors de ses impressions pour les connaître et les juger. Cet inconscient mystérieux qui nous est annoncé d'Allemagne dans une sorte d'évangile psychologique, avec un ton de prophète et des allures de révélateur, se confond donc avec le sang qui circule dans nos veines et bat dans nos artères, avec le fluide nerveux qui sillonne l'organisme et semble s'accumuler dans la moelle, le cerveau et ces cerveaux secondaires qui sont les ganglions nerveux. C'est dans ces ganglions qu'il faut maintenant l'étudier.

Mais comment découvrir les sièges divers des impressions

3.

affectives internes puisque la vie est un cercle, puisque tout conspire et sympathise et que le psychologue, comme le médecin en face d'une maladie, est exposé à prendre les symptômes pour le mal et le courant pour la source? Le sens intime est ici le jouet des illusions et des hallucinations, c'est un aveugle qui n'a même pas un bâton pour se guider, car il lui manque le toucher explorateur et l'effort musculaire qui est une sorte de toucher intérieur. Pourtant ce courant souterrain d'affections ignorées crée nos penchants, dirige nos pensées, incline nos volontés : c'est un destin pareil à celui dont les stoïciens disaient si justement qu'il guide quand on le suit et qu'il entraîne quand on lui résiste. On répète volontiers ces belles formules : *Mens agitat molem, spiritus intus alit ;* mais il serait tout aussi juste de dire au nom de la science et en dépit de la poésie : *Mens agitatur mole, spiritus intus alitur.* La liberté et la prévoyance de l'esprit ne sont que trop souvent contrariées et mises en défaut par les impulsions aveugles de l'organisme. Que de fois nous ressemblons à l'hémiplégique de Rey-Régis : nous ressentons des plaisirs et des douleurs, des joies et des tristesses, des élans et des abattements, des enthousiasmes et des désespérances que nous ne saurions rapporter raisonnablement à aucun objet réel ou même idéal et qui semblent tomber du ciel à moins qu'ils ne surgissent des profondeurs de l'organisme : tel ce malade, « lorsqu'il ne voyait pas l'objet extérieur qui excitait sa sensibilité locale, ne rapportait l'impression nulle part et en souffrait cruellement comme d'une douleur vague ou d'un malaise intérieur qui n'aurait point eu de siège particulier ». La vie de l'homme le plus sain est une hémiplégie de la conscience.

Ne peut-on essayer de percer ces ténèbres intérieures en marchant à la suite de Bordeu, de Grimaud et surtout de Bichat « dont la science, dit Biran, pleure encore la perte prématurée » ? Il semble qu'on puisse circonscrire dans certains centres les affections du principe vital : il y a dans notre corps des cerveaux sans conscience, de véritables organes sensoriels sans communications avec le dehors et incapables de réfléchir ou, comme disait Cabanis, de *digérer* leurs impressions. Les ganglions nerveux de la région précordiale semblent réduits ou destinés à ce rôle. Montaigne disait qu'il n'est pas un organe qui souvent ne s'exerce contre notre volonté, et qu'ils ont chacun leurs passions propres qui les éveillent ou les endorment sans notre congé. Les ganglions dont nous parlons sont exactement dans le même cas et « il est probable que ce ne sont pas les mêmes organes, les mêmes centres nerveux qui sont en jeu ou qu'ils n'y sont pas du moins de la même manière dans ces impressions immédiates qui nous constituent habituellement ou alternativement mélancoliques ou gais, ardents ou froids, emportés ou calmes, courageux ou timides ». Appuyé sur cette double thèse à la fois psychologique et physiologique que « les impressions intérieures affectives se rapportent à plusieurs centres précordiaux à la fois » et que « les ganglions nerveux ou les centres précordiaux de la vie intérieure passive sont, pour les diverses affections inhérentes à cette vie, ce qu'est le centre cérébral unique pour les perceptions ou les mouvements volontaires », Biran démontre que nous ne pouvons percevoir ni le siège ni la cause originelle de ces impressions parce que ces ganglions sont par eux-mêmes insensibles et soustraits à l'influence de la volonté. Il incline à croire qu'il n'y a pas moins de diversité entre ces ganglions qu'entre les sens externes. Puisqu'ils ont chacun leurs affections et même leurs passions, l'homme devient une colonie de vivants. De leurs conflits et de leur accord résulte le tempérament psychique, une sorte de physionomie intérieure qu'aucun miroir ne peut réfléchir mais qui se peint dans notre mode habituel de sentir et de penser.

Platon avait dit que chacun de nous est composé d'un homme, d'un lion et d'une hydre qu'il faut à la fois satisfaire pour vivre et dompter pour vivre heureux. Biran nous fait pour ainsi dire toucher du doigt les cent têtes de l'hydre. Mais, ce qui n'était qu'une métaphore pour les anciens, devient pour la science moderne une réalité : le corps est une colonie de cellules. Il faut citer entièrement le passage où Biran montre que ce n'est pas en étudiant les constellations, mais en sondant l'organisme, le cœur et les reins qu'on peut tirer en quelque sorte l'horoscope d'une existence humaine, suite de variations, on l'a dit, sur un thème donné : « Ce sont de telles dispositions, variables ou fixes, qui, associant toujours leurs produits inaperçus à l'exercice des sens imprègnent pour ainsi dire les objets et les images de certaines couleurs, de certaines modifications affectives qui semblent leur être propres et adhérentes. De là cette sorte de réfraction sensitive qui nous montre la nature extérieure, tantôt sous un aspect riant et gracieux, tantôt comme couverte d'un voile funèbre ; qui nous fait voir dans les mêmes êtres tantôt des objets d'espérance et d'amour, tantôt des sujets de méfiance et de crainte ; ainsi se trouve, dans des impressions cachées et sur lesquelles tout retour nous est interdit, la source de presque tout le bien ou le mal attaché aux divers instants de notre vie. Nous la portons en nous-mêmes, cette source des biens et des maux, et nous accusons le sort, nous dressons des autels à l'aveugle et mobile fortune ! Qu'importe, en effet, que cette puissance secrète soit en nous ou hors de nous ? N'est-ce pas toujours le *fatum* qui nous poursuit, nous dirige et nous entraîne souvent à notre insu ? Osons le dire, Messieurs, et qui mieux que vous a le droit d'apprécier cette assertion, que d'autres jugeraient trop hardie peut-être ; il n'est point au pouvoir de la philosophie, de la raison et de la vertu même, toute puissante qu'elle est sur les volontés et sur les actes de l'homme de bien, de créer par elle-même aucune de ces affections heureuses qui rendent si doux le sentiment immédiat de l'existence, ni de changer ces dispositions funestes qui peuvent la rendre insupportable. S'il existait quelques moyens de produire de tels effets, ce serait dans votre art surtout, ce serait dans une médecine physique autant que morale qu'il faudrait les chercher, et celui qui aurait trouvé un secret aussi précieux, en agissant sur la source même de la sensibilité intérieure, devrait être considéré comme le premier bienfaiteur de l'espèce, le dispensateur du souverain bien, de la sagesse et de la vertu même, si l'on pouvait appeler vertueux celui qui serait toujours bon sans effort, puisqu'il serait toujours calme et heureux [1]. » Voilà précisément une de ces pages où la plénitude de sens et de style font regretter les périphrases, les paraphrases et les récitences dont Biran s'embarrassera plus tard quand il en reprendra le fond pour quelque ouvrage officiel ou de longue haleine. Jamais le mot de Descartes

---

[1] Cf. *Rapports du physique et du moral de l'homme*, 2ᵉ partie, § 3. Biran a copié ce passage en le modifiant : au lieu de *réfraction sensitive* il écrit *réfraction morale*. Il diminue l'empire du *fatum* en le restreignant aux *modes variables et spontanés de la sensibilité*, etc.

— que s'il est quelque moyen de rendre communément les hommes plus heureux et plus vertueux, c'est à la médecine qu'il faut le demander — n'a reçu un plus éloquent commentaire.

A l'exemple de Cabanis, son maître, Biran attache une grande importance à ce qu'on pourrait appeler la psychologie du fœtus. Une foule de dispositions qui nous dominent pendant toute notre vie, prennent naissance dans cette période obscure qui a précédé la naissance. Il signale l'influence de l'imagination de la mère sur l'enfant qu'elle porte dans son sein, et il cite l'exemple de Jacques II qui ne pouvait voir une épée nue sans un tremblement involontaire parce que sa mère, Marie Stuart, avait éprouvé une violente émotion en voyant l'épée fatale prête à percer son amant. Ces faits sont connus et il serait inutile d'insister si Biran n'apportait pour son compte une idée originale : comme il n'y a pas d'action sans réaction, il faut admettre que réciproquement le nouvel être agit par les affections qui lui sont propres sur l'imagination de sa mère. De là peut-être ces envies bizarres qui ne s'expliqueraient nullement par ses habitudes et le cours ordinaire de ses idées : « Les impressions instinctives du fœtus agissant sourdement sur les centres précordiaux et par là sur l'imagination de la mère, font naître dans celle-ci des besoins inconnus, vagues et indéterminés qui lui suggèrent ainsi indirectement des goûts capricieux, des envies bizarres dont le hasard des circonstances ou les habitudes acquises de l'imagination se chargent d'indiquer ou de fournir l'objet. » Le cerveau du fœtus devient donc pour la mère une sorte de ganglion nerveux surnuméraire qui détermine un courant nouveau d'impressions vitales et d'idées. L'influence des affections du principe vital

est au maximum dans le sommeil où l'action de la volonté
est suspendue et dans la folie où sa puissance est détruite.
Il ne faut donc pas repousser avec scepticisme tout ce que
l'on raconte des pressentiments et d'une sorte de divination
extatique ; les lois de la vie s'harmonisent naturellement avec
les lois physiques et il en résulte parfois des rencontres qui
confondent notre science toujours courte par quelque endroit.
Ces rencontres ne sont pas absolument l'effet du hasard :
elles sont dues à une double série de causes externes et
internes dont elles marquent en quelque sorte l'interférence
dans le cours purement passif de nos deux vies.

IV

Il n'est d'ailleurs pas nécessaire d'insister sur le sommeil,
les songes et le somnambulisme, puisque Biran a consacré
à ce sujet un travail spécial édité par V. Cousin. Le
sommeil est caractérisé par la suspension momentanée de la
volonté et la prédominance consécutive de la vie affective
dans la demi-conscience du rêve. C'est ici justement que se
présente la plus redoutable objection que l'on puisse faire
au système de Biran : Quels sont les rapports de la vie
animale avec la volonté, et, si les affections inconscientes
sont comme la matière dont l'effort ou le vouloir sont la
forme, d'où la volonté surgit-elle au réveil ? comment
réussit-elle à se distinguer de la vie purement animale et
surtout à s'en séparer ? Le lien semble bien frêle qui unit la
personnalité à l'animalité : on dit que le moi « sympathise »

avec les sensations; on l'installe à part au fond du sanc-
tuaire psychologique ; on l'appelle tantôt l'âme, tantôt la
force hyperorganique ; on se refuse absolument à admettre
que nos sensations soient nôtres au même titre que nos voli-
tions. Dans ce système l'âme est avant tout le premier moteur et la volonté pure : le lien qui l'unit au corps, c'est
l'effort musculaire. Chose étrange! ce spiritualisme raffiné
inspire des craintes sérieuses au collaborateur de Biran,
à Ampère; il lui semble que les extrêmes se touchent
et qu'il a les mêmes inconvénients et fait courir à la morale
les mêmes dangers qu'un matérialisme avéré. Voici un
fragment d'une lettre inédite et non datée d'Ampère, mais
qui paraît être de la même époque que le *Mémoire sur
les perceptions obscures*, où nous trouvons une appréciation très curieuse et fort inattendue du spiritualisme de son
ami : « Une action ne peut être volontaire sans qu'on sache
d'avance ce qui en résultera d'après l'expérience acquise,
sans avoir un désir quelconque de cette chose, sans y avoir
trouvé du plaisir quand on en a eu l'intuition. En un mot,
le système de modifications qui nous est commun avec les
animaux est une condition *sine qua non* de tout ce qui
ajoute les facultés plus élevées de l'homme, la réflexion, la
volonté libre, en travaillant sur les éléments que ce premier
système leur fournit, dès que vous l'admettez parce que vous
avez compris que sans lui tout est inexplicable, commencez
donc par montrer comment il sert de cause occasionnelle
mais nécessaire au déploiement de l'activité et de l'intelligence.

« Ce qu'il y a d'important pour la morale, c'est de démontrer l'existence du noumène *hypothétique* que nous appelons
âme, de faire voir que, quoiqu'il ne puisse sentir dans l'ordre

actuel sans un système nerveux, ni avoir la conscience de son existence sans agir par ce système sur un système musculaire; il existe avant de sentir et de se connaître, afin qu'on puisse en concevoir l'existence quand, n'ayant plus de corps à mouvoir, il ne pourra plus faire d'effort. Un des meilleurs moyens pour y parvenir est de faire voir que ce noumène sent avant de se connaître. En disant : pour se connaître il faut agir, et agir avec un dessein prédéterminé, on voit sa causalité dans la ressemblance des suites de l'action avec ce qu'on voulait faire. Sans cette ressemblance, point de causalité ; sans causalité l'effort ne serait qu'une simple sensation qui n'apprendrait rien. Or, pour agir il faut avoir senti, avoir joui ou souffert pour être susceptible de préférence ; donc, etc.

« Partez de là, mon cher ami, que si vous vouliez détruire par des théories métaphysiques celle de l'immortalité de l'âme, vous ne pourriez rien trouver de plus propre à ce dessein que d'établir que l'âme n'existe que quand elle fait effort. Cela s'appellerait prouver la cessation d'existence de l'âme, à moins de recourir à la métempsycose ou à des hypothèses à la Bonnet. En attendant, l'immortalité devenant une chose dont votre système, bien loin de prouver la nécessité, ne pourrait admettre la vérité que comme une superfétation difficile à pouvoir concilier avec le reste du système, je ne vois pas ce que vous gagneriez à établir celui-ci, non qu'il ne puisse être vrai, mais du moins, en voyant cette tendance fâcheuse, ne devons-nous pas y tenir par cet amour pour certaines opinions qui nous prévient en leur faveur. L'existence de Dieu, l'immortalité de l'âme, ne seront jamais que des hypothèses explicatives, de même que l'astronomie, la chimie, etc. Je les regarde en conséquence, ces hypothèses, comme la partie utile de la métaphysique, et plus on les emploiera, on les discutera, on s'attachera à prouver qu'elles sont pour tous le type de la vérité, plus on réconciliera la psychologie avec la morale et les sciences, plus on la rendra utile. »

Biran a bien saisi la difficulté, mais dans le mémoire qui nous occupe il glisse sans appuyer; il déclare simplement qu'il n'y a aucune action possible de la volonté sur ces affections sympathiques qui résultent tantôt de la réaction du principe de la vie contre les forces physiques, tantôt d'une sorte d'émulation réciproque qui met les forces vitales en harmonie les unes avec les autres, tantôt enfin d'une imitation véritable qui monte un organisme à l'unisson d'un organisme similaire; mais il se contente trop aisément quand il affirme qu'il y a « une autre sorte de liaison et de relation intime où réside le lien des deux natures qui peuvent s'agrandir et se perfectionner l'une par l'autre ». La question métaphysique n'est pas même effleurée, mais, en revanche, le problème psychologique est posé et résolu avec une netteté surprenante. Ce problème des rapports des affections avec la volonté a reçu récemment un nom qui promptement est devenu populaire : c'est le problème des suggestions mentales. Voyons comment notre psychologue le résout.

Cabanis avait soutenu que la sympathie morale dérive de ce besoin permanent qu'éprouve de bonne heure chaque individu d'agir sur les volontés de ses semblables et de les associer à la sienne propre. De ce besoin tout instinctif, sorte de lutte inconsciente pour la vie et l'accroissement de la vie, serait issu un sentiment réfléchi, une sociabilité consentie qui deviendrait le mobile de toute notre conduite et de tous nos rapports moraux avec les êtres de notre espèce. Qu'il y ait du vrai dans cette analyse, Biran ne le nie pas, mais il trouve un fâcheux abus de mots dans l'emploi du terme volonté pour désigner ce qui est précisément le contraire et l'antipode de la volonté. Agir sur une volonté étrangère, que serait-ce? rien moins que s'approprier un *moi* étranger, puisque le *moi* est tout entier dans la puissance de vouloir et d'agir. Vouloir en autrui, vouloir pour autrui, quelle étrange conception et quelle métamorphose de moi-même en autrui plus merveilleuse que toutes les métamorphoses de la fable ! Suggérer un acte ne peut donc être une opération magique consistant à s'emparer de la volonté libre et *sui juris* de son semblable : elle est inviolable et ne peut pas plus être annihilée par une opération purement humaine qu'une montagne ou un grain de sable. Elle n'est pas une apparence mais un être véritable et peut-être hyperphysique et hyperorganique. Pourtant la suggestion est un fait indubitable et il faut l'expliquer.

L'explication se trouve précisément dans la réalité de ces affections obscures de l'organisme ou, si l'on veut, de ce principe de vie que les anciens appelaient l'âme sensitive. Il y a des « despotes de nature » qui, forts du sentiment énergique « d'une grande force radicale ou de tempérament », dédaignent tous les moyens indirects d'agir sur leurs semblables : ce n'est nullement par les idées ou la supériorité intellectuelle, encore moins par l'amour ou la richesse généreuse du cœur qu'ils subjuguent les autres hommes ; mais ils les fascinent et les maîtrisent, les font concourir en esclaves à leur volonté ou en instruments dociles à leurs caprices sans rallier les intelligences ni s'associer les cœurs. C'est l'animal qui parle à l'animal et le jette à ses pieds par la force non du poignet mais d'une vie intense et débor-

dante : c'est à proprement parler un métier de dompteur.
Par le cœur et par l'esprit, l'homme peut régner et dominer ; les êtres les plus faibles et les plus délicats, la femme,
l'enfant, reprennent leurs avantages : par le tempérament on
ne règne ni ne domine, on subjugue et on enchaîne. Dans
tout tyran il y a donc une sorte de dompteur. Le sous-préfet
de Bergerac s'émancipe singulièrement en petit comité et
certaines phrases font déjà pressentir le député courageux
qui, quelques années plus tard, osera parler quand tout le
monde se taisait et signera avec Lainé l'adresse *des Cinq* :
« C'est là, dit-il, la manière des tyrans dont la volonté fait
la loi suprême, qui commandent une obéissance passive et
prompte, devant qui les genoux fléchissent machinalement
lorsque le cœur se tait et se révolte, dont tous les ordres
sont exécutés à la lettre sans que l'esprit et la volonté aient
part à l'exécution. C'est ainsi surtout que la force du despotisme devient abrutissante et détruit toute la moralité des
actions humaines. »

Le magnétiseur, on l'entrevoit, n'agit ni par sa volonté
ni sur une volonté, et la suggestion n'est, dans aucun cas,
un transfert de volonté et par suite la suppression du libre
arbitre d'autrui. C'est un cas particulier de l'action de notre
âme sur notre corps, et ce cas n'est ni plus ni moins extraordinaire que les autres : qu'il y ait mystère, on n'en dis-
convient pas, mais du moins n'y a-t-il pas, si la théorie biranienne est vraie, miracle ou interversion des rapports naturels
de la vie à la pensée. Le phénomène de la suggestion est une
extension parfaitement naturelle du phénomène vulgaire
d'auto-suggestion : un désir vif et soutenu, une imagination
frappée et fortement préoccupée excitent la passion chez
l'orateur et chez l'acteur dramatique, et cette passion tra-

duite en gestes expressifs, en accents inspirés, passe dans la foule et la remue; voilà les deux phénomènes réunis, l'auto-suggestion et la suggestion. Mais de même que ma volonté n'a aucun pouvoir direct sur mes affections immédiates, de même et à plus forte raison n'a-t-elle aucun pouvoir efficace sur l'organisme étranger. Tous les êtres organisés tendent à vibrer à l'unisson et à s'unir par leurs côtés homologues; mais quand deux organisations vivantes s'imitent et répètent les impressions et les mouvements les unes des autres, chacune demeure en elle-même ce qu'elle était : seulement les signes expressifs sont immédiatement reconnus de tous chez l'acteur et l'orateur, tandis qu'ils sont obscurs chez l'hypnotiseur ou le magnétiseur et que le patient seul, grâce à une acuité merveilleuse de ses sens, à une hyperesthésie totale ou locale de sa sensibilité, les reconnaît et les subit. Les passes du magnétiseur, les multiples procédés de l'hypnotiseur, ont donc pour effet d'orienter ou de concentrer la sensibilité interne du sujet, et il n'y a qu'une différence de degré dans cette orientation ou concentration, entre les *sujets* de M. Charcot et le spectateur naïf qui croit que *c'est arrivé* et veut se précipiter sur la scène pour arrêter le bras du traître ou pour crier à la victime que la coupe est empoisonnée. Bref, le phénomène se passe tout entier entre deux organismes : il n'y a pas d'action d'âme à âme ou de volonté à volonté.

L'acte de volonté qui consiste à arrêter un mouvement commencé dans l'organisme, l'acte d'inhibition, comme on l'appelle aujourd'hui, est cent fois plus étonnant que tous les mystères de l'hypnotisme et des suggestions, car dans ceux-ci l'analyse ne trouve en fin de compte que l'action réciproque de deux forces homogènes, tandis qu'elle découvre dans le premier l'action réciproque de deux forces hétérogènes, une volonté consciente et des affections vitales inconscientes. Y a-t-il en outre un sens particulier, magnétique ou électrique, comme celui qui dirige, dit-on, les pigeons voyageurs, qui s'éveillerait sous certaines influences et distinguerait des signes qui échappent à nos sens et même à notre imagination. Cette hypothèse, qui n'a rien d'absurde en elle-même, ne serait légitime que si l'on était parfaitement sûr d'avoir épuisé l'analyse des impressions sensorielles et ganglionnaires. Nos sens internes ne sont jamais endormis simultanément et ces foyers de sensibilité peuvent, dans l'isolement et le silence, acquérir une lucidité extraordinaire. L'hypnotiseur connaît ou plutôt possède l'art de les éveiller et de les endormir à son gré et de jouer de l'organisme comme d'un instrument dont le clavier n'a plus de secrets pour lui. Biran démontre supérieurement que le pouvoir du magnétiseur expire au seuil de la conscience et de la volonté : toutefois sa puissance est assez grande pour prévenir la conscience et circonvenir la volonté en modifiant l'atmosphère vitale du sujet aussi sûrement que s'il versait une liqueur stupéfiante, un poison subtil et énervant dans son breuvage. C'est, en dernière analyse, une usurpation, une tyrannie, un attentat à la liberté d'autrui, et le consentement même de son sujet n'est pas plus une justification que le *ruere in servitium* de l'historien ne justifie l'esclavage. S'attaquer à son corps c'est s'en prendre à son libre arbitre qui doit être sacré pour tous à titre de fin en soi, comme dirait Kant, et ne doit jamais devenir un moyen pour une autre fin, cette autre fin fût-elle la réputation ou les intérêts de la science.

Tel est ce *Mémoire sur les perceptions obscures* où se

mêlent les fines observations, les vues ingénieuses et les suppositions discutables. Notre but était de le faire connaître, non de le critiquer ou d'engager une polémique avec Biran au nom de la psychologie contemporaine. Peut-être trouvera-t-on qu'il abuse de son principe vital et qu'en excluant l'animisme il complique singulièrement le problème. S'il ne transporte pas la physiologie dans la métaphysique, il a peut-être le tort d'en faire parfois une sorte de métaphysique expérimentale. Qu'on n'oublie pas la date de ce *Mémoire* et l'on sera forcé de convenir qu'en pressentant les recherches contemporaines de la psychophysique, qu'en faisant de l'organisme un système de points vivants et une hiérarchie d'êtres sentants avant les théories cellulaires, qu'en esquissant une théorie générale du magnétisme et des suggestions avant l'école de la Salpêtrière, il a singulièrement devancé son époque et s'est incontestablement placé à la tête de la psychologie expérimentale dans notre pays. Il a eu le mérite rare de ne point exagérer sa propre thèse et d'éviter les excès des assembleurs de nuages qui ont pensé discréditer la théorie des faits inconscients. A lui seul il eut la gloire d'accomplir une révolution que l'école éclectique, Jouffroy en tête, a eu le grand tort historique d'entraver : il a uni indissolublement la psychologie à la médecine et à la pédagogie. Ajoutons qu'à ses yeux l'association n'était pas une abdication et qu'il était fermement persuadé que deux sciences peuvent trouver de grands avantages à s'entendre et des inconvénients non moins grands à se confondre. On ne s'étonnera donc pas qu'en 1823, reprenant une partie des idées du *Mémoire* de 1807, il ait commencé son travail par cette déclaration significative qu'il n'est pas hors de propos de rappeler à nos contemporains : « Newton disait : O phy-

sique, préserve-toi de la métaphysique... ne serait-on pas
en droit de s'écrier à son tour, et peut-être avec plus de
fondement que Newton : O psychologie, ô morale, gardez-
vous de la physique, gardez-vous même de la physiologie ! »

V

Il était dans la destinée psychologique d'Ampère d'étendre, de compléter presque sur tous les points les découvertes
de son ami. Il admettait la théorie de l'inconscient, il
l'exagérait même comme en témoigne ce *post-scriptum*
d'une lettre à Biran : « J'oublie de vous observer que si
vous trouvez que j'admets trop de phénomènes avant le *moi*,
il y a une raison qui y porte puissamment. Pour pouvoir
n'en point admettre dans les bêtes, il faut bien en rendre
indépendants les phénomènes sans lesquels leurs actions
seraient tout à fait inexplicables ». Voilà donc une pensée de
derrière la tête que Biran ne nous avait pas livrée : il ne
faut pas que les bêtes aient un *moi,* et dès lors tout ce qui
se passe chez les bêtes, tout ce qu'elles ont de commun
avec l'homme, doit être déclaré indépendant du moi et de la
conscience. Descartes ne raisonnait pas autrement : il ne faut
pas que les bêtes aient une âme, dès lors tout ce qui se
passe chez elles doit être mécanique et automatique. On voit
pourtant qu'Ampère et Biran évitaient l'automatisme, justement en substituant le moi à l'âme et les affections inconscientes aux mouvements mécaniques. Toutefois Ampère ne
fait guère que répéter la doctrine de son ami ; son origina-

lité se montre surtout dans l'analyse d'un cas psychologique de grande portée qu'on peut appeler la théorie des concrétions d'images. Avant de l'étudier dans le résumé que nous a conservé heureusement un de ses auditeurs du Collège de France, Roulin, disons qu'Ampère ne fut pas peu embarrassé de fixer ce qu'il fallait attribuer d'intelligence aux bêtes le jour où Arago lui raconta l'histoire du chien qui refusait de tourner la broche parce que *ce n'était pas son tour*, et qui n'y consentit que lorsque son compagnon eut commencé régulièrement l'opération. « Ne résulte-t-il pas de là, mon cher Ampère, lui disait Arago, que des chiens peuvent avoir le sentiment du juste et de l'injuste, se faire une sorte de charte et endurer des souffrances corporelles plutôt que de la laisser violer ? » Ce jour-là, prétend Arago, Ampère modifia son opinion sur l'instinct et « admit que les êtres animés offrent *dans leur ensemble* tous les degrés possibles de l'intelligence, depuis son absence à peu près complète jusqu'à celle dont les *confidents du Très-Haut*, selon l'expression de Voltaire, doivent être *jaloux* [1] ». Il y a une sorte de « personnalité phénoménique » qui se manifeste dans les rêves et qui n'est pas sans doute étrangère à l'animal, bien qu'il soit impuissant à en dégager sa personnalité véritable et à s'élever à la notion épurée du *moi*.

Chez l'homme lui-même, il se produit automatiquement des mélanges et des combinaisons d'images qui constituent une sorte de chimie mentale dont les réactions ne nous sont révélées que par leurs résultats. L'attention volontaire est préparée par la réaction inconsciente de l'esprit contre les impressions qui l'affectent. Si nous avons vu, par exemple,

---

[1] Arago, *Œuvres*, partie II, p. 66.

un animal couché au pied d'un arbre, et si dans la suite nous voyons l'arbre tout seul, l'intelligence reproduira passivement l'image de l'animal. Nous aurons une double sensation, l'une réelle, l'autre hallucinatoire, parce que les deux images sont *concrétées*.

Laplace avait attiré l'attention d'Ampère sur un phénomène remarquable : lorsqu'à l'Opéra on n'entend que les sons et non les mots, comme il arrive si souvent, il suffit de jeter les yeux sur le libretto pour entendre tout à coup les mots dans les sons avec une parfaite netteté. Bien plus, si l'acteur a un accent particulier qu'on ne soupçonnait pas auparavant on le reconnaît immédiatement, et l'on peut dire s'il est Gascon ou Normand. Au moyen du libretto on ne *sait* donc pas seulement quels sont les mots prononcés, mais on les *entend* réellement. C'est qu'alors les images des mots que nous lisons se concrètent en vertu des habitudes acquises depuis que nous savons lire avec les sensations confuses des sons, en délimitent pour ainsi dire les contours et les rendent nets et distincts. Il en est encore de même quand nous entendons parler une langue étrangère qui ne nous est pas familière : si nous avons un texte sous les yeux et si nous pouvons suivre le lecteur, il se produit tout à coup un phénomène semblable d'articulation distincte. Ce sont là des combinaisons inconscientes des impressions visuelles et auditives.

Cette théorie a fait fortune, mais nous avons oublié et le nom qu'Ampère donnait au fait lui-même et le nom de l'inventeur de l'explication : M. James Sully, qui a écrit un ouvrage sur les *Illusions des sens et de l'esprit*, ne nomme pas Ampère bien qu'il reprenne pour son compte une foule d'exemples qu'Ampère donnait déjà à ses auditeurs au Col-

lège de France. Ampère expliquait en effet par sa théorie des
concrétions d'images les saillies et les creux qui nous appa-
raissent sur un tableau où il n'y a pourtant qu'une surface
plane ; la vue retrace alors par commémoration ces idées de
formes qu'elle est habituée à associer aux dégradations d'ombres et de lumières observées précédemment dans les objets
réels. Ampère traçait sur le tableau noir, au simple trait, des
losanges où les angles étaient de 60° et de 120°, ou bien des
lignes parallèles dont les extrémités étaient jointes par un
arc de cercle ; les spectateurs voyaient des cubes dans les
premiers dessins et les plis d'un rideau dans les derniers.
Mais il dépend de l'attention volontaire de mettre en saillie
certains angles et en creux certains autres, de voir certains
plis concaves et certains autres convexes ; il suffit pour cela
d'évoquer les formes correspondantes comme il suffisait tout
à l'heure de suivre le libretto, ou le texte anglais ou allemand. Les formes évoquées par l'imagination produisent le
même effet que les formes perçues réellement par les yeux ;
la fusion s'opère ; la chimie mentale inconsciente produit son
effet. C'est ainsi encore que nous voyons selon notre fantaisie en creux ou en relief les plis d'un rideau de théâtre ou
ceux des papiers peints qui imitent des draperies. La préoccupation d'esprit fait que le peureux transforme en ennemis
les buissons et les saules qui bordent le chemin, et en canons
de fusil braqués sur lui les rayons de la lune qui luit à travers les branches. Toutes les formes de l'illusion et de l'hallucination s'expliquent par la même théorie : ce sont des
concrétions d'images produites tantôt par la réaction automotrice de l'esprit, tantôt par une attention persistante.
Nous finissons toujours par voir ce que nous voulons voir.
Nous imposons aux objets du dehors les formes de notre

esprit, et quand l'adaptation de la forme à l'objet, grâce à une longue habitude est devenue parfaite, nos perceptions sont en réalité des hallucinations vraies. De même encore, et c'est le principal mérite de Kant d'avoir systématisé ce fait psychologique, nous enserrons le monde entier dans le réseau des lois subjectives de l'esprit, et chacun de nos poèmes métaphysiques devient un libretto ou un texte arrêté qui nous donne le sens des choses et la clef de la nature, autre poème qui se chante devant nous dans un splendide décor, mais où nous ne percevons d'abord que des sons confus et des voix inintelligibles.

Le mérite d'Ampère est d'avoir dévoilé le secret de cette adaptation inconsciente, tantôt fatale, tantôt volontaire, des conceptions précises de l'esprit à la matière diffuse des perceptions. Nul n'a vu mieux qu'il y a dans cette théorie un principe universel d'explication de la perception réelle et hallucinatoire. Il en déduisait encore par anticipation une explication profonde du pessimisme : c'est la plus subjective des conceptions de l'univers car elle consiste à donner corps et figure aux causes secrètes de mélancolie et de désespérance que le corps recèle dans ses profondeurs[1]. Ces « affections sans intuitions » projetées hors du corps, hypos-

---

[1] C'est aussi la conclusion d'un savant article de M. Ch. Féré intitulé *Impuissance et pessimisme (Revue phil.*, t. XXII, p. 41). « Il semble donc que se plaindre de tout revienne à convenir que l'on n'est bon à rien; c'est du reste ce qu'affirment les seuls pessimistes sincères, ceux qui se tuent. Le péjorisme a surtout cours parmi les improductifs de tout ordre. Le pessimisme est un déchet de l'évolution psychique, comme le crime et la folie. Il faut remarquer, d'ailleurs, qu'aboutissant au *renoncement du vouloir vivre*, il produit en fin de compte le même résultat que les dégénérescences organiques, la stérilité. »

tasiées, divinisées, deviennent le *génie malin* dont parlait Descartes dont l'éternelle fonction serait de nous tromper et de nous tourmenter. Spinoza disait qu'au sceptique il fallait non un philosophe pour le réfuter, mais un médecin pour le guérir : c'est encore plus vrai du pessimiste, dont le fond n'est que le délire de la persécution élevé à la hauteur d'un système. Pourtant la racine du pessimisme, il faut l'avouer, est vivace, indestructible dans l'esprit humain. Nous avons une tendance presque invincible à concréter avec des idées nos dispositions maladives : le pessimisme répond à ce besoin d'explication et n'est dans son origine qu'une hallucination du sens du corps et dans ses conceptions que l'hypocondrie systématisée. La philosophie de l'inconscient est proche parente de la philosophie du pessimisme et Hartmann donne la main à Schopenhauer. Chez ces deux philosophes la personnalité qu'Ampère appelait « phénoménique » masque et étouffe la personnalité véritable qui naît avec l'effort conscient et qui constitue le *moi* : l'individualité se substitue à la personnalité. Il faut donc s'élever au-dessus de l'inconscient physiologique et de l'inconscient intellectuel pour découvrir l'existence véritable : tel est le but de la théorie de l'effort musculaire que nous allons maintenant examiner et où nous retrouverons à chaque pas la collaboration féconde des deux psychologues.

CHAPITRE III

L'EFFORT MUSCULAIRE

Si nous savions comment la volition met notre corps en mouvement, nous saurions tout, disait Biran. A ce compte nous sommes beaucoup plus loin qu'il ne le pensait de tout savoir, car le fait lui-même est aujourd'hui considéré comme discutable et fort douteux. Dire que l'effort musculaire meut et dirige nos organes, c'est, assure-t-on, une affirmation téméraire et présomptueuse. Le sens musculaire dont la fortune a été rapide et brillante paraît menacé dans ses privilèges et même dans son existence; bien loin de nous révéler le monde extérieur et l'esprit même, il est réduit à se défendre et à lutter pour la vie. On trouve que le « monopole monstrueux » que Biran lui avait concédé n'a duré que trop longtemps. Signalé par Bichat, décrit par Bell, analysé expérimentalement par Duchenne de Boulogne, mis en relief et en honneur dans de savantes thèses médicales, par exemple, celle de M. Dubuisson [1], il a été attaqué

[1] « Des quatre sens du toucher, et en particulier de la musculation ou sens musculaire. » Paris, 1874.

tout à coup par les psychologues et les physiologistes avec une ardeur et un ensemble bien faits pour effrayer ses partisans ; c'est une guerre sans trève et sans merci, et l'on dirait qu'il y a comme un mot d'ordre de courir sus à l'usurpateur. Quoique l'intervention des physiologistes dans le débat constitue ce que Bentham appelle un sophisme d'autorité, puisqu'en attaquant l'effort ils sortent évidemment du déterminisme des faits et interrogent une cause sourde qui ne répondra jamais à leurs questions et ne connaît même pas leur langue, ce sont les physiologistes qui forgent la plupart des armes employées par les psychologues. Ni le scalpel, ni le microscope ne leur ont fait voir l'effort ; ils ne constatent et ne mesurent que la contraction du muscle. C'est donc pour eux une hypothèse dont ils peuvent se passer et qu'ils reconduisent hors des frontières de la science sans même la remercier de ses services provisoires. Beaucoup de psychologues se font gloire aujourd'hui de voir et de regarder par les yeux des physiologistes ; il est donc très naturel qu'ils aient pris à tâche de donner pour ainsi dire à l'effort le coup de grâce. La physiologie a bien changé depuis Claude Bernard : elle interroge les causes sourdes, mais elle ne croit plus aux idées directrices.

Si l'on ouvre le plus riche recueil de documents psychologiques de notre époque, la *Revue philosophique,* on trouve à chaque page que les sensations musculaires sont exactement semblables à toutes les autres sensations, et que, bien loin de naître de l'effort moteur elles constituent tout ce qu'il y a de réel dans la conscience. Elles n'ont pas leur origine dans l'esprit qui, par elles, se rendrait en quelque sorte présent au muscle et à l'organe ; elles viennent de l'organe, vont au cerveau et sont, comme on dit, entièrement afférentes.

M. Ribot emploie tout son rare talent d'analyse, toute son
érudition physiologique si bien informée à faire de l'attention
un mode de la sensation, une idée fixe et une sorte de fascination et de possession. Il ne voit dans l'effort que le centre de
ralliement des impressions passives, un point de convergence
tout idéal et purement imaginaire; s'il nous paraît être
un acte du moi ou plutôt le moi lui-même, on nous assure
que c'est par une illusion d'optique interne, car il n'est au
fond qu'une combinaison de sensations organiques afférentes,
un équilibre momentanément rompu au profit de l'une d'elles.
Ouvrez maintenant la *Critique philosophique* : les arguments sont bien différents, mais la conclusion est toute semblable. M. Renouvier fait même mieux que de détruire
l'effort, il le remplace par l'image automotrice et le poursuit, même vaincu, comme une cause occulte et une vieille
entité scolastique. Nous n'agissons pas, disait Malebranche,
nous sommes agis; M. Renouvier soutient que nos idées et
nos images agissent pour nous, prennent corps, se réalisent
d'elles-mêmes en mouvements, et que nous n'avons pas le
droit de nous attribuer leur œuvre silencieuse et de la
signer en quelque sorte de notre nom. Il veut bien convenir d'ailleurs que Biran est un psychologue « estimable »,
mais il ajoute que son système contient malheureusement un point ruineux et une thèse radicalement fausse :
or il se trouve que cette thèse est tout le système et que ce
point en est le pivot ! Attaqué au nom de l'expérience et au
nom des catégories, ne fallait-il pas que l'effort succombât ?
M. E. Rabier [1], dans un savant ouvrage classique, constate

---

[1] *Leçons de philosophie*, p. 105 : « Cette sensation qui entre dans
l'idée d'effort, quelle est-elle? C'est justement une de ces sensations

sa déchéance ou plutôt enregistre son décès. Est-il donc vrai que le biranisme ait vécu? Ce qui n'est pas douteux, c'est la position peu enviable de ses défenseurs; ils ont à subir des feux croisés et convergents; tout le monde les accable.

Ils semblent d'ailleurs garder un silence prudent qui peut être pris pour un aveu d'impuissance et qui ressemble à une retraite ou à une défection. Voilà pourquoi nous avons songé à évoquer non pas l'ombre de Biran, mais Biran lui-même, en puisant à pleines mains dans sa correspondance inédite. Un système est une création continuée, et il faut pour le maintenir et le faire vivre et survivre la même puissance d'esprit que pour le créer; le fondateur en est seul capable.

On peut appliquer aux systèmes l'opinion de Descartes, d'après laquelle on ne saurait comprendre entièrement un être qu'en le voyant se former peu à peu sous ses yeux; par bonheur, nous allons être servis à souhait, car vingt ans de discussions assidues entre Ampère et Biran nous font assister jour par jour à la genèse de leur système commun. Sauverons-nous la théorie de l'effort musculaire? Le lecteur jugera; ce que nous sommes assuré de démontrer avec évidence, c'est que les deux collaborateurs n'ont ignoré ou laissé sans discussion aucune des objections élevées dans ces dernières années et par toutes les écoles contre sa réalité. — L'effort ne doit-il pas être remplacé par la simple perception du mouvement effectué dans l'organe? — N'est-il pas uniquement la somme des sensations afférentes qui résultent de la contraction des muscles? — N'aurait-il pas son siège non dans le muscle,

appelées sensations musculaires dont nous avons déjà admis la réalité, sans pouvoir trouver en elles rien qui les distingue spécialement des sensations de l'attouchement en général. »

mais dans le cerveau et, ne faudrait-il pas en conséquence
l'appeler cérébral plutôt que musculaire? — Ne convien-
drait-il pas de voir dans l'effort un acte purement psychologique, un mode de l'attention, le cas particulier où nos
idées se réalisent par une force qui leur est propre ou par
une influence supérieure à elle et à nous? — Telles sont les
questions agitées dans la correspondance d'Ampère et de
Biran. Le prix de ces précieuses lettres est donc bien supérieur au simple intérêt de curiosité et d'érudition; c'est
comme philosophiques, nullement comme inédites, que nous
leur attribuons une importance capitale. N'oublions pas que
sauver l'effort ce serait sauvegarder la personnalité, car si
l'effort n'est que le clou peint sur le mur, la chaîne qu'on y
suspendra ne sera probablement qu'une chaîne peinte sur le
mur. Il ne restera qu'une personnalité douteuse et inconsis-
tante, destinée à se dissoudre en catégories purement logiques
ou à se matérialiser en cellules. En niant mon effort on me
vole mon moi.

II

Ne consultons que la correspondance, nous éviterons ainsi
de recommencer une exposition faite depuis longtemps et
faite excellemment par MM. E. Naville et J. Gérard. Les
lettres, d'ailleurs, nous donnent mieux que les mémoires
couronnés la pensée intime de Biran; elles nous font connaître l'homme, non l'écrivain préoccupé et même trop
préoccupé des juges qui couronneront son mémoire et des

lecteurs qui critiqueront son ouvrage. Les lettres à Tracy nous font assister à une rupture philosophique et à une scission douloureuse; le maître renie le disciple et le disciple lutte de toutes ses forces pour rester disciple en dépit du changement profond qui s'est accompli dans sa pensée. Envisagées sous ce point de vue, ces lettres si étrangères aux ornements littéraires prennent un intérêt et un accent presque dramatiques. Avec Ampère la discussion s'élève encore et devient plus vive et plus subtile, bien que les deux psychologues soient à peu près d'accord sur les points essentiels. Ampère anime et passionne tout, même les formules et les chiffres. Et puis, il a sa fameuse théorie des relations et semble s'être juré d'y convertir son ami; il n'est pas un moyen qu'il n'emploie, réfutation, subtilité, ironie même et quelquefois éloquence. Biran, naturellement indécis, cède parfois, revient sur ses pas, hésite, tâtonne, subit toutes sortes d'influences tandis que son ami se désole de voir une pensée si ondoyante et si diverse. Si l'on eût demandé à Ampère, à la fin de sa vie, quelle découverte il était le plus fier d'avoir faite, il eût certainement répondu : « Ma découverte de la théorie métaphysique des relations. » Mais si l'on eût demandé à Biran qui a tant varié en métaphysique, quel était son vrai titre de gloire, le penseur solitaire et timide eût écrit d'une main hardie sur la première page de sa théorie de l'effort musculaire : « *Exegi monumentum !* » Quel édifice métaphysique faut-il construire sur cette théorie destinée à braver les siècles, c'est une autre question, mais la pierre d'attente est inébranlable.

Comment naquit et grandit la théorie de l'effort, une longue note adressée à Buisson et plusieurs lettres importantes écrites à Destutt de Tracy vont nous l'apprendre.

Autant Biran semble avoir à cœur de se rattacher à la première philsophie de Tracy, autant il apporte de soin à prouver qu'il ne doit rien à Bichat ; situation assez paradoxale puisqu'il est certain que la théorie de l'effort est visible dans Bichat et douteuse dans Tracy. Mais par une sorte de mirage et d'illusion rétrospective, Biran voulait retrouver ses idées chez celui qui fut son protecteur et longtemps son maître ; Il lisait ses ouvrages entre les lignes. D'ailleurs dans les épanchements de l'amitié, il savait très bien revendiquer ses droits et son originalité : « Ce point de vue, écrit-il à Ampère, ce point de vue qui consiste à démêler, dans toutes nos modifications comparées actuelles, le simple sensitif séparé du moi m'appartient je crois, en propre ; du moins je ne l'ai trouvé dans aucun ouvrage de métaphysique, quoique j'en aie lu beaucoup ; je n'ai rencontré personne qui le saisit bien, excepté vous qui l'avez même, je crois, étendu outre mesure [1]. » On se trompe donc quand on croit trouver dans l'abbé de Lignac une théorie toute biranienne ; chez Lignac, ce n'est pas le moi qui produit l'effort et meut l'organisme, c'est un principe supérieur qui lit mes volontés, discerne mes organes et ne peut être que Dieu lui-même, puisque l'inconscient n'était pas encore inventé. On se tromperait également si, à la faveur des faits, on faisait de Biran un imitateur de Bichat : les *Recherches sur la vie et sur la mort* sont antérieures au

---

[1] *Lettres inédites.* Les documents inédits qui seront cités, sans indications spéciales, sont tirés : 1° de la note adressée à Buisson ; 2° des lettres à Destutt de Tracy ; 3° des lettres à Ampère (minutes et projets) ; 4° d'un recueil assez volumineux également communiqué par M. Naville et renfermant des lettres de Cabanis, Morellet, Montesquiou, Christian, Baggeson, Lainé, Loison, Stappfer à Biran.

Mémoire sur l'habitude et, par conséquent, la contraction musculaire a été décrite avant que l'effort musculaire ne fût défini. Qu'importe, si Biran ignorait l'ouvrage de Bichat ? On peut expliquer l'analogie en disant que le physiologiste et le psychologue s'inspirent, chacun avec son génie propre, des mêmes maitres, les médecins du xviiie siècle. Une note très importante adressée à Buisson[1] nous donne le dernier mot sur cette question : il n'est pas moins ravi de retrouver dans Bichat ses propres idées que Descartes ne fut heureux d'apprendre qu'on lisait dans saint Augustin l'équivalent du *Cogito, ergo sum*. Il est surtout enchanté de cette contractilité animale ou volontaire qui a son principe non dans les impressions extérieures, mais dans le centre cérébral. « Ceci, dit-il, s'accorde parfaitement avec mes principes et les résultats que j'en déduis, la contractilité ne devant pas être dite volontaire lorsque le cerveau est *forcé*, comme le dit Bichat, à produire les mouvements, ainsi qu'il arrive dans les actes *instinctifs*, les *passions* ; ici la cause première et déterminante du mouvement est dans quelque partie excentrique de l'organe sensitif et non dans le centre lui-même. » Nous dirions aujourd'hui que l'effort volontaire ne saurait être confondu avec le réflexe cérébral et que la sensation musculaire ne peut être constituée avec son caractère spécifique par des sensations purement afférentes. Voilà déjà l'essentiel de la théorie biranienne.

Mais comment se fait-il que Biran ait ignoré l'ouvrage

---

[1] « Note adressée au citoyen B..., auteur des deux premiers extraits sur les ouvrages de MM. Bichat et Buisson, insérés dans le premier volume de *Bibliothèque médicale* de prairial an II. » — Toutes les citations suivantes sont empruntées aux lettres inédites, à moins d'indication contraire.

de Bichat deux ans après son apparition? Nous ne discutons pas la bonne foi de l'auteur : elle est absolument hors de doute. Biran fait à cette question une réponse qui n'est que trop satisfaisante : il habitait la province ! « Habitant un département éloigné, privé, dans une solitude profonde, de toute communication littéraire, et livré à la méditation beaucoup plus qu'à la lecture des livres nouveaux que je n'ai guère le moyen de me procurer, j'ignorais absolument l'existence et jusqu'au nom de Bichat. » En littérature et en philosophie on devrait imiter les archéologues pour juger équitablement la province ; ils savent qu'en architecture, par exemple, elle retarde de cinquante ans, et quand ils veulent assigner la date d'un monument, ils n'oublient jamais de tenir compte de ce demi-siècle. Croire que Biran a copié Bichat, ce serait donc une double injustice : il l'a devancé et dans les conditions les plus défavorables. Quand son mémoire eut été couronné par l'Institut, il vint à Paris pour en surveiller l'impression. Ce fut alors qu'il se procura tous les livres récents qui touchaient à sa science favorite, et que sans doute ses juges, devenus ses amis, lui firent connaître. Quelle joie et quelle révélation ! Dans les paroles où il nous dépeint ses impressions d'alors, on retrouve l'accent de Socrate racontant dans le *Phédon* l'émotion qu'il éprouva quand il fut initié à la philosophie d'Anaxagore : « Revenu dans ma solitude avec ce trésor scientifique, je dévorai d'abord le *Traité de la vie et de la mort*. Quelle fut ma satisfaction en apercevant dans cet ouvrage le germe de mes opinions et le fonds intime d'une théorie dont je croyais être exclusivement l'auteur et dont, pour cette raison même, j'étais disposé à me méfier. Combien je regrettai de ne l'avoir pas connu avant la composition de la publication de mon Mémoire ; combien j'aurais profité de ces vues comparées aux miennes et avec quel plaisir j'aurais partagé le tribut de reconnaissance et d'admiration que j'ai rendu à plusieurs autres auteurs dont les noms me sont également chers et honorables ! »

III

Biran ne fait que se rendre justice : il a toujours aimé à reconnaître ses dettes et même à les exagérer. Nous allons le voir réclamer le titre de disciple avec la même passion qu'un autre mettrait à se proclamer maître, ou, comme disent les Allemands, autodidacte. Il montre une véritable obstination à faire honneur à Destutt de Tracy d'une découverte que celui-ci renie et désavoue. La situation est nouvelle et piquante : c'est qu'il y a réellement aux yeux de notre philosophe deux Tracy, celui des *Mémoires* insérés dans le tome premier du *Recueil de l'Institut* et celui des *Éléments d'idéologie* : on peut être disciple fidèle du premier et adversaire convaincu du second. Peut-être aussi Biran a-t-il lu les *Mémoires* de 1789, surtout entre les lignes : il y retrouvait sa propre doctrine, parce qu'il l'y mettait en partie. Dans tous les cas, ce n'est pas sa faute si Tracy, abandonnant sa pensée première, passa du condillacisme transformé qu'il faisait espérer à un condillacisme simplement développé. Ce qui importe, au surplus, c'est bien moins la volte-face de Tracy, l'évolution régressive de sa pensée, que l'impression ineffaçable faite par ses premiers écrits sur la pensée encore incertaine et hésitante du novateur qui se dit modestement son disciple. N'oublions pas que Cabanis et Tracy témoignèrent au psychologue inconnu de Bergerac un vif intérêt qui devint une tendre amitié, et que ce soit là un de leurs titres de gloire. « C'est à vous deux, écrit-il en 1804, qui êtes unis dans mon esprit et dans mon cœur, c'est à vous que je dois rapporter toutes mes idées, tout ce que je suis à l'époque présente de ma vie intellectuelle. La lecture des *Mémoires* fit dans mon esprit une révolution dont il conservera probablement toujours les traces, quelques modifications nouvelles que d'autres circonstances, et cette sorte de *fatum* qui maîtrise, entraîne souvent nos idées comme tout le reste, puissent lui imprimer à l'avenir. » Voilà donc un point hors de doute qui a souvent embarrassé les historiens : Biran s'inspire de la première philosophie de Tracy et combat la seconde. Ainsi disparait la contradiction qui le montrait tout à la fois comme le continuateur et l'adversaire de son devancier et de son juge. Dans quelle mesure et sur quel point est-il son continuateur ? Comment fut-il amené, à son grand désespoir, à le combattre et à édifier sa doctrine sur les ruines de celle qui lui avait donné jadis un contentement si vif et de si grandes espérances ? La même lettre nous fournit une réponse précise à chacune de ces questions.

Condillac avait pressenti et comme annoncé la philosophie qui devait détruire la sienne. Dans une note de la seconde édition de son *Traité des sensations*, note qui réveilla Biran de son sommeil sensualiste, il regretta d'avoir négligé le rôle considérable de l'activité dans les sensations ou plutôt dans les perceptions tactiles, visuelles et auditives. Ce fut un trait de lumière pour Biran : « Il eût donc été possible, dit-il, de refaire sur un plan nouveau, beaucoup plus exact et bien moins hypothétique, un *Traité des sensations*. » Ce nouveau traité attendu, espéré, il crut le reconnaître dans

les premiers *Mémoires* de Tracy qui lui apparut tout
d'abord comme un rénovateur de la philosophie. Il faut
reconnaître qu'à première vue, il n'est pas aisé de saisir la
contradiction où serait tombé Tracy, car si, dans les *Mémoires* de l'Institut il place dans l'effort l'origine de notre
perception de résistance et explique l'extériorité par le mouvement et l'activité motrice, dans les *Éléments d'idéologie*
il consacre un chapitre entier à démontrer que « c'est à la
faculté de nous mouvoir que nous devons la connaissance des
corps ». En quoi donc ces deux thèses diffèrent-elles l'une
de l'autre et pourquoi Biran se montre-il si sévère pour la
seconde après avoir pleinement accepté la première? « Dans
votre premier travail, lui écrit-il, vous avez fait un pas de
plus que tous ceux qui vous avaient précédé dans la carrière
(il s'agit de Condillac et de Bonnet), et ce pas m'a paru très
grand, puisqu'il rattachait le fil de l'analyse bien près de
l'origine réelle de nos facultés. Vous nous enseignâtes alors
en résultat que le jugement prend sa source dans la sensation
de mouvement, dans un premier *effort* essentiellement
relatif; que, hors de cette sensation particulière, aucune de
nos facultés intellectuelles ne pourrait entrer en exercice.
D'où il suivait, contre l'autorité de Condillac, qu'un être
borné à des sensations purement affectives et privé de la
mobilité ou même (et cela me paraît être la source de la
difficulté), qui percevrait cette faculté locomobile sans
éprouver la résistance d'un obstacle étranger, ne pourrait
rien connaître que son existence actuelle, sans souvenir réel
qui en prolongeât la chaîne, par conséquent sans désir et
avant tout sans jugement. »

Tâchons d'éclaircir tout cela : Tracy a fait une magnifique
trouvaille, mais il l'a faite par hasard et pour ainsi dire

par distraction. Il a trouvé l'effort musculaire, mais il ne l'a pas reconnu ; il a su vaincre une grave difficulté et n'a pas su profiter de sa victoire. Peu à peu, dans son esprit, le mouvement, la motilité se sont substitués à l'effort. Les mouvements jouent un grand rôle en psychologie, mais il faut distinguer entre eux ceux qui ont une origine psychologique et ceux qui sont purement mécaniques. Tracy finit par les mettre tous sur le même rang. Un mouvement spontané, un mouvement produit par l'instinct ou le désir, c'est encore un mouvement, mais qui appartient à l'animal et ne nous révèle pas le moi. Tracy fait un pas hors de la vie animale : il nomme l'effort, il décrit la résistance organique, il entrevoit la vie humaine, il y pénètre, on croit qu'il va en prendre possession à jamais. Pas du tout : il ne découvre pas le principe supérieur qui s'empare des mouvements spontanés et instinctifs, les continue ou les suspend, les excite ou les modère. Sa psychologie joue autour du moi, *circum præcordia ludit*, puis dégénérant en simple idéologie et prenant finalement le reflet pour l'objet lumineux, son analyse oublie le moi qui ne s'analyse pas. Bien plus, après avoir entrevu que la première résistance est celle de l'organisme, il ne s'occupe que de la résistance des corps étrangers : après avoir perdu le *moi*, il néglige le *mien*, c'est-à-dire le corps propre, et s'enfonce définitivement dans une sorte d'idéalisme phénoméniste, au grand désespoir de son ami. « Ce que vous n'avez pas fait, Monsieur, j'ai tâché de le faire en m'emparant du principe que vous m'avez pour ainsi dire légué et le suivant aussi loin que mes forces ont pu me le permettre jusqu'à présent. Vous vous êtes jeté dans une route différente et, en adoptant de nouveaux principes, vous en avez suivi de votre côté les conséquences avec une force de tête étonnante, supérieure. Plus nous avancerons chacun de notre côté, plus nous nous écarterons, et je vous avoue que j'éprouve un sentiment pénible en me trouvant déjà assez loin de vous dans quelques points essentiels... C'est vous qui m'avez abandonné... Veuillez songer surtout que si je m'égare, c'est en suivant vos premières traces. »

Le dissentiment qui a surgi entre les deux psychologues est double et creuse un abime entre les deux doctrines. Tracy aboutit à un spiritualisme ou plutôt à un idéalisme que Biran trouve excessif et dangereux. C'est le premier reproche qu'il lui adresse. Ensuite il affirme et nie tout à la fois le mouvement volontaire, ce qui est une contradiction flagrante : il l'affirme comme mouvement et le nie comme volontaire, tout en lui conservant un nom qui ne lui convient plus. Tracy ne s'élève point en réalité au-dessus des mouvements spontanés et instinctifs, des mouvements-sensations de la vie animale : la vie proprement humaine, celle qui commence avec l'effort volontaire, lui échappe. Il ne l'entrevoit qu'à la lumière de l'éclair et par brusques échappées.

Que l'ami de Cabanis et le continuateur de Condillac soit tombé dans une sorte de spiritualisme exagéré qui scandalise Biran, c'est là un des étonnements que fait naitre la lecture de la correspondance. Mais le doute n'est pas permis ; nous avons sous les yeux, à côté de la sentence du juge, l'aveu du coupable, *confitentem reum*. « Il est très singulier que M. de Tracy, qui incline fortement vers le matérialisme, ait énoncé des principes qui sont bien plus spiritualistes que les miens. Il fait, en effet, aux spiritualistes, une concession dont ils pourraient se contenter et que je nie radicalement, c'est qu'un être immatériel et sans organes, s'il en existe de tels, pourrait se connaître lui-même sans avoir aucune perception ou idée de la matière et des corps ou du sien propre [1]. » Toutes les fois qu'on mettra en présence l'un de l'autre un monde de mouvements organiques et un monde d'images antécédentes, et qu'on supprimera l'intermédiaire et le médiateur qui est l'effort musculaire, on aboutira au mécanisme ou à l'idéalisme. Le monde ne sera plus que le lieu des mouvements, l'esprit que le lieu des idées, à moins que les idées ne soient elles-mêmes que les aspects divers des mouvements. Ou l'homme-machine ou la volonté efficace et motrice, on ne sortira pas de ce dilemme. Tracy préfère une situation intermédiaire qui est intenable parce qu'elle constitue un idéalisme phénoméniste qui réduit le monde et l'esprit à de simples possibilités permanentes de mouvements et de sensations. Or, nous n'habitons pas le monde des possibles, mais un monde de réalités. « Les véritables êtres réels, dit Tracy dans sa réponse, sont pour chacun ses sentiments, ses sensations, en un mot, ce qu'il sent, ce qu'il éprouve, quelque nom qu'on veuille lui donner. Dans ce sens, je suis bien idéaliste, comme vous voyez, car je prétends qu'il n'existe pour nous que des idées, et que c'est là la vraie réalité. » Que devient donc la sensation de mouvement qui devait renouveler la psychologie ? Elle garde son importance, mais elle n'est que *prima inter pares*. La perception principale est pour chacun de nous « la sensation du mouvement qu'il fait opérer à ses appendices ». Que nous sommes loin de l'effort ! Ce terme d'appendices ne nous indique-t-il pas que

---

1 *Science et Psychologie*, nouvelles œuvres inédites de Biran, publiées par M. Alexis Bertrand, p. 327.

Tracy constate le mouvement en se plaçant le plus loin possible de son origine. Il ouvre démesurément le compas, et il déclare que la pointe fixée au centre est absolument immobile. Le mouvement dont il parle est perçu par les sens, hors de sa cause, on dirait volontiers hors de lui-même. C'est un mouvement excentrique auquel il serait absurde d'attribuer le privilège ou le monopole de ramener et de concentrer l'être sur lui-même.

C'est que Tracy n'a pas vu qu'il y a deux sortes de mouvements : les spontanés et les volontaires, et que les premiers n'étant pas l'œuvre du moi, ne nous apprennent rien sur le moi. Ce sont des sensations comme les autres, des phénomènes purement affectifs. L'animal ne voit son mouvement que dans son désir. Il ne se dédouble pas, il ne sépare jamais son désir de son vouloir. Suspendre son mouvement lui est aussi impossible que de suspendre son jugement : quand il se meut, il obéit à la fascination du désir, comme il obéit à la fascination de l'objet quand il connaît. Que mes mouvements aient pour antécédents mes instincts, mes désirs spontanés, c'est vrai tant que je vis d'une vie purement animale : s'ils s'accomplissent en moi, c'est sans moi. Mais ce désir est amorti chez l'homme par la réflexion, refréné par la volonté. Je m'empare de ces mouvements spontanés et j'en fais mes mouvements par cela même que je les saisis, les continue, les suspends, les dirige ou simplement les maintiens, tels que la spontanéité les a faits. L'animal et l'homme sont des automates, l'animal dans le sens vulgaire du mot, l'homme dans le sens étymologique : ce n'est qu'une nuance, direz-vous, et pourtant cette nuance, c'est tout l'homme. Mme du Deffand disait plaisamment de Vaucanson qu'il *s'était fait lui-même :* c'est peut-être une bonne définition de l'homme, automate qui se meut et qui se fait lui-même. Le ressort de l'animal, c'est le désir qui l'entraîne toujours hors de soi ; le ressort de l'homme, c'est le vouloir qui le ramène et le concentre en soi. Tracy ne distingue pas : pour lui tous les mouvements se valent, qu'ils soient fils du désir ou du vouloir, de la fascination de l'objet ou de l'effort libre du sujet. Il serait plus vrai de dire qu'il finit par ne plus reconnaître que les premiers. « Le mouvement déterminé par l'instinct et de vives affections n'est point *senti* à part ces affections ; c'est un fait, lui écrit Biran. Il n'a pas les mêmes conditions organiques, il ne part point peut-être du même centre, ou très probablement n'est pas déterminé par le centre cérébral de la même manière que celui que nous sommes fondés à qualifier de *volontaire, délibéré, réfléchi*. » Tracy finit donc par laisser complètement dans l'ombre et même par nier entièrement ce qui constitue le *quid proprium*, le *quid humanum* du mouvement, l'effort volontaire qui le produit avec ou sans la participation du désir et de l'instinct, en un mot, de la spontanéité animale. Il réduit ainsi à néant sa propre découverte. Pressé par des arguments *ad hominem* et embarrassé par la vigoureuse dialectique de son adversaire, il appelle Cabanis à la rescousse et Cabanis, pris pour arbitre, se prononce contre Biran, mais dans une sentence fort aimable, sinon fortement motivée : « Il est vrai, écrit-il à Biran, que mes idées sur le même sujet étant peut-être un peu trop arrêtées, je suis moins disposé à entrer dans celles qui me sont offertes de nouveau ; mais je n'en pense pas moins qu'il sera très utile de développer les vôtres ; et je lirai votre ouvrage avec le double intérêt de la science et de l'amitié et en tâchant de mettre de côté toute opinion antérieure. » On ne saurait dire de meilleure grâce : je suis trop vieux, on ne change plus d'opinions à mon âge ; mon siège est fait.

IV

Biran avait aussi un allié ou plutôt un collaborateur, allié parfois aussi intraitable, il est vrai, que Tracy, son adversaire, était débonnaire et de bonne composition. Ampère était de ces amis qui réprimandent bien parce qu'ils aiment bien : s'il adopte l'effort musculaire, ce n'est pas sans diriger d'abord contre lui toutes les objections que lui suggère son subtil et profond génie. La pensée de Biran était naturellement hésitante, vite lassée et toujours agitée par ce qu'il appelait le vent de l'instabilité ; il lui fallait le secours de cet esprit ardent, toujours en éveil, sans cesse occupé à classer et à combiner, et d'une puissance incomparable à déduire les conséquences d'un fait ou d'un principe. Biran voudrait parfois revenir à Tracy ou à Engel, se reposer dans le perceptionnisme de Reid, accepter l'idéalisme de Kant ; avec quelle vigueur la dialectique impitoyable de son ami le déloge de ces positions ! Au reste, en psychologie même, Ampère reste physicien, Biran physiologiste. Ampère voit dans l'effort le révélateur du monde physique, le fait pérérogatif qui tient en échec et le scepticisme et l'idéalisme, Biran lui demande avant tout de lui restituer l'organisme, le corps propre. Ampère met parfois la patience de son ami à une cruelle épreuve ; c'est un architecte qui bâtit pour bâtir, et comme dit le poète latin, renverse, reconstruit, change les ronds en carrés et les carrés en ronds. Il n'est pas toujours facile de le suivre dans le dédale de ses classifications; jamais les faits psychologiques ne furent plus soigneusement étiquetés, gratifiés de si beaux noms et rangés avec ordre dans de plus savantes classifications. Mais ce qui lui importe avant tout c'est que le monde extérieur ne soit pas compromis: Biran s'indigne quand on lui vole son moi, Ampère se livre à des emportements tragiques et amusants quand on lui vole son monde. Quoi donc, s'écrie-t-il, « il n'y aura pas un espace réel où les astres décrivent leurs orbites selon les belles lois de Képler!... La poussière des étamines ne fécondera plus les germes cachés au fond du calice des fleurs, mais il me semblera que cela est ainsi! » On croit entendre l'excellent Reid protester contre Berkeley : « Que deviendront ma femme et mes enfants ? » Le matérialisme idéaliste de Tracy était donc bien fait pour exciter l'indignation d'Ampère. Il ne pardonnait pas davantage à Condillac sa théorie de l'identité des propositions dans le raisonnement; c'est vraiment bien la peine d'emmagasiner dans son esprit l'encyclopédie des connaissances humaines pour qu'un abbé philosophe vienne impertinemment vous déclarer que toute cette science se réduit à la ridicule identité : une sensation est une sensation. Biran, dans ses lettres, ou plutôt dans les minutes qui nous restent, n'a pas ces emportements et cette fougue de pensée ; il discute froidement et tâche de ramener au sujet l'imagination de son ami qui se livre à son essor et s'envole dans ces espaces imaginaires de la philosophie qui sont les systèmes. Il est à regretter que l'éditeur des lettres d'Ampère ait cru devoir supprimer les élans du cœur et les effusions d'amitié: elles y abondent; c'est le trahir et nous laisser ignorer une des plus nobles amitiés littéraires et philosophiques des temps modernes et de tous les temps. Ne pouvant malheureusement nous arrêter à ces détails littéraires et humains de la correspondance, fixons les étapes de cette longue collaboration psychologique.

Avant même de connaître Biran, Ampère venait à lui par une sorte de sympathie intellectuelle et d'harmonie préétablie ; sur certains points même il le devançait. On a donc eu tort de le croire sur parole quand il se déclare simplement son disciple. Dans le Mémoire de l'an XII, il décrit l'attention comme une sorte d'effort cérébral, comme une volonté qui, à la différence de la sensation qui va de l'organe au cerveau, se dirige du dedans au dedors, du cerveau à l'organe. Il montre que le mouvement tel que le dépeint Tracy, bien loin de nous révéler un monde extérieur, le suppose et l'implique puisque le déplacement local suppose l'espace où ce déplacement s'accomplit et se localise. L'unité du moi résulte de l'action simultanée de l'attention sur plusieurs points du cerveau et comme « tout être fini occupe nécessairement une place dans un être infini de même nature », l'âme existe, vit et se meut en Dieu. N'est-ce pas du premier pas toucher et dépasser le but, compléter Biran par Spinoza ? Il semble aussi que la réfutation de Tracy appartienne à Ampère plus qu'à Biran, de l'aveu même de ce dernier : « Je reconnais maintenant, dit Biran dans une assez longue note qui, malheureusement, n'est point datée, je reconnais maintenant, et d'après mes dernières conversations avec M. Ampère que la sensation du mouvement, telle que l'a imaginée M. de Tracy, ne peut être un fait primitif ; que c'est une idée relative qui suppose quelques termes de comparaison fixes, pris dans l'espace, par conséquent des perceptions et des sensations antérieures. La sensation du mouvement ne peut être que celle du *déplacement* du corps : la sensation de déplacement suppose bien une place, un lieu fixe dé nné hors de *soi* et relativement auquel l'individu sent qu'il se déplace. » Rapprochez cette note des fragments au Mémoire de l'an XII et vous aurez reconstitué le thème de ces conversations fécondes et suggestives qui fondèrent définitivement la théorie de l'effort. Lorsque Biran eut des velléités de revenir par un détour à la théorie de Tracy améliorée par Engel, ce fut Ampère qui l'arrêta sur cette pente. Engel localisait à l'extrémité des membres, non le mouvement, mais l'effort lui-même : dans cette théorie, l'effort ne serait plus l'action consciente d'une force hyperorganique sur un ensemble de résistances organiques, mais simplement le conflit extérieur de deux forces hypothétiques impliquées dans le sentiment même de ce conflit. Ampère proteste et gourmande son ami : « Auriez-vous oublié qu'après en avoir discuté longtemps, vous convintes avec moi que la théorie de Tracy était un paralogisme manifeste? » — « Vous voyez aussi que je rejette d'avance toute la théorie de M. Engel, sans l'avoir lue. Je vois par ce que vous m'en dites, qu'il prend l'idée de cause dans la sensation musculaire portée au cerveau par les nerfs et non dans cette autre perception, ou, si vous voulez, aperception de l'action immédiate de l'âme sur le cerveau, et de la modification ou mouvement qu'elle y produit [1]. » N'est-il pas bien remarquable de trouver dans une lettre d'Ampère, datée de 1805, le résumé anticipé de la réfutation de la théorie d'Engel que Biran devait écrire en 1817 ? Il lui reprochera en effet de placer l'effort, non dans le rapport de la volonté avec la résistance organique, mais dans le sentiment d'une résistance étrangère.

---

[1] *Phil. des deux Ampère*, p. 203.

Qu'est-ce donc finalement que l'effort musculaire aux yeux d'Ampère ? c'est un rapport dynamique perçu par l'esprit dans l'analyse d'une concrétion psychologique. Une concrétion, on l'a vu, c'est la fusion d'une perception nette avec une sensation confuse ou plutôt d'un souvenir avec une sensation : vous êtes à l'Opéra, et, comme il arrive, vous ne distinguez pas un traître mot de ce que chante l'acteur ; jetez les yeux sur le livret, vous serez tout étonné d'entendre subitement les paroles chantées ; vous discernerez même l'accent gascon ou normand du chanteur ou de la cantatrice, accent que vous ne soupçonniez pas tout à l'heure. C'est une concrétion : les sons articulés se concrètent avec la perception des mots imprimés et deviennent nets et distincts. Éveillez en nous l'image du creux ou du relief ; cela suffira pour que vous voyiez immédiatement soit en creux, soit en relief, les détails d'une peinture en grisaille ou les plis d'un rideau peint. Cela compris, si nous appelons *émesthèse* l'acte par lequel le moi se pose, *autopsie* l'acte par lequel il se voit, *automnestie* l'acte par lequel il perçoit des états passés dans son état présent, l'effort est la concrétion de l'émesthèse avec la sensation actuelle d'un mouvement effectué, et le moi la concrétion des automnesties passées avec l'autopsie actuelle. Ainsi s'expliquent les illusions sur la personnalité : le moi n'est pas seulement la perception présente, mais le legs du passé, une concrétion dont les éléments sont toujours variables, mais qui se combinent autour d'un point fixe, d'un noyau permanent et invariable. Encore un mot et nous en aurons fini avec les formules : « L'effort, dit Ampère, ne peut évidemment fournir que deux éléments, tous deux phénoméniques : l'émesthèse (cause) et la sensation musculaire (effet). » Traduisons en langage ordinaire et nous aurons l'analyse suivante de l'effort musculaire : 1° Activité voulue et sentie probablement au cerveau, quoique nous la localisions imparfaitement ; l'effort serait donc appelé cérébral plus exactement que musculaire ; 2° Modifications consécutives du muscle réellement produites par l'effort central, mais faisant retour au point initial sous forme de sensations afférentes qui se concrètent avec la conscience de l'effort. Quand c'est un effort d'attention, un effort qui fixe une idée au lieu de produire un mouvement, l'afférent se confond avec l'efférent : les deux termes semblent identifiés, tout se trouble, et voilà pourquoi « je perds le moi toutes les fois que je m'applique fortement à des idées abstraites », dit Ampère, *toutes les fois que je dors*, lui fait dire, je ne sais pourquoi, son éditeur ; 3° Aperception d'un rapport entre les deux termes à la fois semblables et distincts, une sensation active, l'effort moteur ou attentionnel, une sensation passive, la modification musculaire revenue au cerveau. L'acte de l'esprit qui saisit le rapport de ces deux perceptions simultanées n'est rien moins que l'acte créateur de l'intelligence, l'affirmation spontanée du principe de causalité. « Le moi est senti comme cause ; la causalité n'est que le rapport de dépendance aperçu entre les deux termes auxquels nous donnons, en vertu de cette dépendance, les noms de cause et d'effet; l'effort est donc la cause, et non la causalité. » L'aperception de la cause disparaît quand une force étrangère ou la spontanéité de l'organisme produisent dans mes membres des mouvements dont je ne me reconnais pas l'auteur; si ces mouvements existaient seuls, j'aurais encore des sensations musculaires, mais je serais à jamais impuissant à saisir le rapport de causalité. Je serais un animal, une machine sentante, non un homme.

Je puis donc perdre le sentiment du moi de deux manières, par possession et par fascination, quand mon organisme est mis en mouvement par une cause étrangère, extérieure ou intérieure, et quand je m'absorbe dans une idée
par une contemplation où mon effort tend à l'infini et semble
se perdre dans le vide sans forme et sans résistance. Il y a
donc une naissance après la naissance : « Il se passe un si
grand changement dans l'âme à l'instant de la naissance du
moi phénoménal et cela l'élève tant dans l'échelle de l'intelligence que l'on doit n'appeler nos modifications *connaissances* qu'à dater de cette époque. » Antérieurement l'âme
avait des images et même des images motrices, mais non des
idées, ni même des images conscientes. Ces images que l'âme
possédait sans les connaitre, Ampère en a sans doute puisé
l'idée dans Cureau de la Chambre, médecin qu'il citait souvent, dit Sainte-Beuve ; Cureau de la Chambre en donne un
exemple en rappelant que l'agneau s'enfuit effaré la première fois qu'il voit le loup. Il le reconnait parce qu'il en
portait en lui une image inconsciente et héréditaire. L'âme
a donc des images qu'elle ne connait pas, qui sont étrangères au moi, images motrices qui « se coulent » dans nos
membres et produisent les mouvements spontanés et instinctifs antécédents et pour ainsi dire matière première des
mouvements volontaires. En 1806[1], Ampère écrit encore à

---

[1] Cette lettre importante sur l'effort musculaire n'est pas datée dans
le texte imprimé, mais l'original porte la date fort lisible du *9 fé-
vrier 1806.* Ce détail est important, puisqu'il achève de nous fixer
sur la date de la réponse de Biran qui est écrite sur un papier admi-
nistratif au revers de la minute d'une lettre au préfet de Périgueux,
dont l'en-tête nous donne la date du 2 mars 1806. On peut donc affirmer
avec une entière certitude qu'elle est du mois de mars de cette même
annnée.

Biran : « Il n'y a donc qu'un point où nous différions essentiellement en métaphysique et le voici. Vous confondez le
sentiment de l'effort et la sensation musculaire ; pour moi,
ce sont deux choses absolument différentes. » Mais pour
Ampère comme pour Biran, la sensation musculaire repré-
sente le *fatum* de l'organisme, le sentiment de l'effort
manifeste la liberté de l'esprit et pour parler comme Pascal,
sa dignité de causalité.

Pour nous faire pardonner cette aride exposition nous
allons donner en entier la lettre inédite de Biran où se
trouve la discussion détaillée de la théorie d'Ampère sur
l'effort. Voici cette lettre qui n'a pas besoin de commentaires
puisqu'elle est elle-même un commentaire :

« Vous pensez que le sens de l'effort est distinct du sens
musculaire ; entendons-nous. Vous considérez la sensation
musculaire dans l'effet de contraction que Bichat a appelé
contraction organique sensible, et qui consiste uniquement
dans la réaction d'une partie musculaire du système sur les
nerfs cérébraux contigus, et vous raisonnez ainsi : la contraction réactive peut être précédée d'un effort, c'est-à-
dire d'une action de la force hyperorganique sur le centre
cérébral et par lui sur les nerfs moteurs ; ou bien cette
même contraction peut s'effectuer par une cause étrangère,
immédiatement appliquée au muscle. Dans les deux cas la
sensation musculaire est la *même ;* mais dans le premier
cas elle s'associe avec un effet, et compose avec lui le rapport à deux termes distincts et séparés d'une cause qui est le
moi permanent et d'un effet qui est la sensation simple ou
le mode transitoire. Cela rentre très bien dans votre manière de concevoir les *rapports* où vous trouvez toujours
deux termes présents à l'entendement et une troisième idée.

Il paraît aussi que dans cette manière de concevoir, vous admettez un *moi absolu* dans l'action seule de la force hyperorganique sur le *cerveau* et abstractivement du résultat qu'a cette action pour contracter le muscle. Il y a enfin, selon vous, effort ou action sentie, sans résistance, sans inertie organique. J'établis au contraire que si nous admettons maintenant pour hypothèse explicative une action nerveuse opérée par la force hyperorganique sur un système homogène, il est de fait que cette action n'est sentie ou perçue en aucune manière et qu'il n'y a point de moi tant que cette action immédiatement exercée sur soi par le centre cérébral ne s'étend pas hors du système nerveux ; si bien qu'en supposant le système seul et une force hyperorganique s'exerçant sur son centre, il n'y aurait pas encore de *moi*, point de rapport senti entre une cause productive de la contraction ou du mouvement et son effet modal : l'effort serait donc réellement nul quant au sentiment ou à la conscience de l'être individuel qui le fait, quoiqu'il puisse ne pas l'être par hypothèse ou par définition. Et ici observez que par le mot effort, vous et moi n'entendons point du tout la même chose, car vous prenez ce mode relatif en dehors de l'être qui est censé le faire et le sentir ; et vous dites : il y a effort dans tel cas que je détermine par hypothèse. Moi, au contraire, je prends ce mode fondamental dans l'aperception intime de l'être qui se sent exister par lui et je dis qu'il n'y a d'effort que dans le seul cas où il peut avoir lieu, quand il y a résistance ou inertie organique vaincue ou à vaincre. Cela posé, je ne séparerai point le sens de l'effort du sens musculaire ; mais distinguant les cas où ce dernier sens est actif de ceux où il est passif, je dirai : 1° que le sens de l'effort est le même que le sens musculaire *actif* ; 2° que le sens

musculaire peut être passif de deux manières, soit parce que
la volonté n'y intervient pas actuellement, soit parce qu'elle
ne peut pas absolument y intervenir; 3° que si l'effort se
joint à une sensation musculaire passivement produite sans
son concours, il en résulte un composé où le moi se distingue
et se met en dehors de la force qui ne l'est pas; 4° que si la
force hyperorganique agit seule contre la résistance musculaire, la sensation résistante est un mode relatif *sui generis*
très différent de ce qu'il serait si l'impression musculaire
était *passive;* 5° que pour que le mode relatif fût regardé
comme un composé de deux éléments, il faudrait que la sensation musculaire active fût la *même* que si elle était passive, abstraction faite du *moi* qui s'y joint, ce qui n'est pas
prouvé. J'admettrais volontiers l'*effort*, non pas dans l'action seule de la force hyperorganique sur le cerveau, mais
dans cette même action transmise jusqu'à l'organe musculaire. La sensation musculaire est un produit de la réaction
du muscle transmise en sens inverse jusqu'au cerveau. Or,
il faut prouver que cette réaction est la même, lorsqu'elle est
une suite de l'action initiale de la volonté ou ne l'est pas. »

Jamais Biran n'a serré de plus près dans une page plus
précise le point fondamental de sa propre doctrine. Dans
une autre lettre, que j'abrège à regret, il fait un pas de plus :
au delà du mouvement, il met en lumière l'aperception intérieure qui le révèle à la conscience avant même qu'il ne se
manifeste aux sens; il montre ensuite qu'au-dessus de la sensation musculaire active, à l'origine même de l'effort, appa-
rait le vouloir. Le vouloir n'est pas la volonté; il ne se
sépare point de l'effort sinon par une dangereuse abstraction : vouloir, c'est mouvoir. Et le même vouloir qui crée
le mouvement dans l'effort crée en même temps l'intelli-

gence en opposant à son unité active la diversité résistante
des mobiles simultanés ou successifs qui deviennent ses
points d'application. Ce ne sont pas les abstractions purement verbales de l'idéologie qui forment le domaine de l'intelligence : ce sont des réalités concrètes comme l'effort lui-
même, et nous aboutissons non pas à un phénoménisme
matérialiste, mais à un réalisme spiritualiste. Le vrai nom de
cette psychologie nouvelle serait idéogénie ; elle ne suppose
ni ces idées innées écrites comme l'édit du préteur, sur je ne
sais quel album, ni formes ni catégories subjectives : penser
c'est vouloir, c'est opposer l'unité de l'effort à la multiplicité
des effets. Le vouloir n'est d'ailleurs pas plus le désir que
la sensation n'est l'idée : il est constitué « par cet ensemble
d'opérations dont le moi dispose ou qu'il dépend de lui de commencer, de suspendre, d'arrêter ». Il importe donc peu que
les mouvements s'accomplissent primitivement sous la seule
impulsion du désir, de la spontanéité, de l'instinct : la vie
humaine ne commence que par une prise de possession de
cette sorte de matière première qu'elle organise. C'était le
chaos, le rêve en action de l'animal : c'est désormais le cos-
mos, le monde harmonieux de la pensée. L'âme n'est pas
servie par le corps, mais elle s'en sert; il ne lui obéit pas,
elle le fait obéir. Le corps ne réfléchit pas la lumière de la
pensée, elle le pénètre et le transforme. L'entendement est
une volonté transformée : « Je me crois en état de prouver,
écrit Biran, qu'il n'y a pas une idée intellectuelle, pas une
perception distincte ni une connaissance proprement dite
qui ne soit originairement liée à une *action* de la volonté;
je ne peux m'empêcher de considérer le système intellectuel ou cognitif comme absolument fondu pour ainsi dire
dans celui de la volonté et n'en différant que par l'expres-

sion [1]. » Avant la volonté, le monde n'est qu'un ensemble de formes vides, d'abstractions pures, de simples possibilités : mon vouloir lui donne tout ce qu'il y a pour moi de réalité et de vie. Le monde du savant est fait de lois et de formules : il est impalpable, obscur et silencieux ; ce n'est qu'un mensonge vrai, mais ce qu'il a de vérité, mon vouloir le transforme en réalité. Si les êtres pouvaient penser, ils diraient de l'entendement humain : *In eo vivimus et sumus.* Penser ce n'est pas sans doute poser ou créer les choses, mais c'est se percevoir soi-même dans l'acte qui les crée. Quiconque pense est poète et créateur : il fait d'une vérité entrevue une réalité éprouvée. Mais il ne crée pas de rien : l'animal qui, chez chacun de nous préexiste toujours et souvent survit à l'homme, voilà sa matière ; son œuvre consiste à transformer la spontanéité en volonté, l'instinct en intelligence ; l'effort est l'outil. Expliquer le dedans par le dehors, c'est le cercle vicieux par excellence, le paralogisme transcendental de la physiologie : « Les ténèbres ne produisent pas la lumière ; ce n'est pas de la nécessité et du fatum de l'organisme que peuvent ressortir l'activité et la prévoyance de l'esprit. » Le dehors ou le monde n'est qu'une possibilité indéfinie d'efforts musculaires conscients : il ne possède en résistance et en réalité que ce que ma volonté enveloppe d'activité concentrée. La sensation ne me fera jamais sortir de moi-même ; elle tend plutôt à m'y bloquer : elle amortit, elle étouffe mon activité, tandis que dès le premier effort vraiment efficace, je fais un pas décisif hors de moi-même et je m'empare du monde [2]. Contrairement à Ampère, Biran

---

[1] Lettre inédite à Ampère (non datée, probablement de 1807).

[2] Je trouve dans un savant mémoire de M. L. de la Rive une remarquable confirmation de la thèse biranienne : « Chaque sens, dit l'au-

attache donc une extrême importance à ces deux proposi-
sitions : l'organe de l'esprit, le lieu de l'effort, ce n'est pas le
cerveau simplement mais toute la substance nerveuse dans
sa relation avec les muscles ; l'effort n'existe qu'en corréla-
tion avec une résistance présente et sentie ; s'il a son origine
radicale dans l'esprit, il est inconcevable dans l'esprit seul et
ne se conçoit comme il ne se perçoit que dans l'opposition
et le conflit du corps dont il est la tonicité permanente, indé-
fectible, avant même d'en être l'agent et le principe moteur.
Chaque impulsion est un mode transitoire de l'effort fondamental qui la précède et lui survit.

teur donne lieu à une notion qui lui est spéciale. Il existe donc, dans
l'exercice du sens musculaire, une notion qui est pour cette sensation
ce qu'est la couleur pour la vue, la résistance pour le toucher, le son
pour l'ouïe, l'odeur pour l'odorat, la saveur pour le goût. Ce sens
n'est pas apparent, comme pour les autres, parce que la qualité qu'il
nous fait connaître du monde sensible, constitue le monde sensible
lui-même sous la dénomination d'espace. » (*Composition des sensations et notion d'espace*, page 67.)

CHAPITRE IV

L'EFFORT MUSCULAIRE

— SUITE —

I

« Combien de fois, dit M. William James, ne faut-il pas combattre de nouveau les combats de la psychologie, chaque fois avec des armes plus pesantes et de plus forts engins, quoique non toujours avec des généraux aussi capables[1]. » Parole imprudente et à deux tranchants, car ce regret est précisément celui qu'éprouvent aussi les partisans de l'effort biranien, et s'ils continuent à lutter et à se défendre, c'est qu'ils mettent en doute la scrupuleuse exactitude des bulletins de victoire de leurs adversaires. Il faut donc qu'ils visitent cet arsenal formidable, qu'ils manient ces armes pesantes et ces puissants engins. Laissons les métaphores; l'expérience et l'analyse, en d'autres termes la science et la conscience, la physiologie et la psychologie, telle est l'ori-

V. *The feeling of effort.*

gine de la double série d'arguments dirigés contre l'effort. Ces arguments sont-ils décisifs ? Avant de traiter cette question, séparons nettement la théorie de l'effort des conclusions métaphysiques que Biran et Ampère en déduisent : on peut constater la solidité éprouvée des fondements de l'édifice sans en approuver la distribution intérieure et le couronnement. Cette distinction est si légitime que Biran et Ampère cessèrent précisément d'être d'accord lorsqu'ils essayèrent d'achever leur construction métaphysique. Bien plus, le désaccord devient un conflit.

Dès 1812, Ampère écrivait à son ami, non sans une nuance d'ironie : « Rappelez-vous que depuis six ans vous avez plusieurs fois changé d'opinion sur l'origine de la connaissance des corps. Vous avez en quelque sorte épuisé toutes les tentatives qu'on peut faire pour l'expliquer. » Traduisez : toutes ces tentatives ne sauraient satisfaire un esprit vraiment philosophique et ce n'est que la théorie des rapports qui donne la clef de l'énigme. Ampère veut donc absolument convertir Biran à la théorie des rapports et il y met une sorte de violence amicale. Mais l'histoire des variations de Biran ne doit pas nous occuper ici ; qu'il hésite et flotte entre diverses influences, rien n'est plus vrai, mais s'il est un roseau qui pense et qui plie, il ne rompt pas. Après avoir rempli le programme de Descartes, écarté le sable et la boue et mis à nu le roc et l'argile, il n'a peut-être pas su achever son œuvre. Il est à coup sûr regrettable que les alliés se combattent après avoir su vaincre. Mais qu'importe pour notre sujet que Biran accepte la théorie de la raison impersonnelle de Cousin ? Cela importe beaucoup à Ampère dont l'amitié est jalouse et l'esprit absolu. Il se dépite, il s'irrite, il en vient presque aux invectives : « En

vous parlant tout à l'heure de l'indécision des idées de M. de
Biran, écrit-il à un de ses amis, en 1817, j'avais l'esprit
plein de ce qu'il hésite sans cesse, pour compléter sa psychologie, entre Cousin et moi. Nous nous réunissons tous trois
chez lui les lundis après diner ; tantôt il penche du côté de
Cousin, tantôt du mien [1]. » Ce jeu de bascule n'était pas
fait pour fixer l'esprit mobile de Biran : il se laissait donc
convaincre par les arguments d'Ampère, puis persuader par
l'éloquence de Cousin. « J'erre comme un somnambule
dans le monde des affaires », disait-il. On souffre davantage
à le voir errer comme un somnanbule dans la région des
idées métaphysiques. Ampère apporte au contraire, en
métaphysique, un esprit de décision tout scientifique :
« Cependant, dit-il après avoir constaté les hésitations de
son ami, il est évident que c'est moi qui ai raison ! »
Cousin, sans doute en disait autant, et Biran de déplorer que Descartes, selon le mot d'Helvétius, n'ait pas mis
d'enseigne à l'auberge de l'évidence. Ampère va plus loin
encore et finit par accuser son ami de s'être laissé « circonvenir » et de porter en métaphysique des préoccupations
plutôt morales et même politiques que scientifiques. « Ce
qui me semble clair, écrit-il à un ami, c'est qu'il ne publiera
rien de sa théorie, que je vais rester seul en butte à ceux
qui veulent combattre la vérité uniquement parce que ce
n'est pas eux qui l'ont inventée. Si je n'avais appris à voir
en tout la volonté de Dieu, je serais vraiment désespéré de
cette idée. » Ces doléances, cette amertume, ce désespoir,
si l'on ne connaissait le caractère passionné d'Ampère,

---

[1] V. Correspondance et souvenirs recueillis par Mme H. C., t. I
p. 119 et 199.

pourraient donner à penser que Biran se rendit coupable envers son ami de quelque lâche trahison ; il n'accepta pas sans réserves la théorie des rapports, voilà tout ! N'avions-nous pas raison de dégager entièrement la doctrine purement psychologique de l'effort des tentatives métaphysiques successivement essayées par les deux collaborateurs devenus deux adversaires ; sur l'effort seul ils sont d'accord, c'est leur *aliquid inconcussum* et pour ainsi dire leur arche d'alliance.

II

Les arguments des physiologistes doivent être discutés en premier lieu, car s'ils étaient concluants, les psychologues n'auraient plus à combattre qu'un fantôme et à lui donner le coup de grâce. La qualité distinctive des physiologistes ne paraît pas être la sobriété dans l'argumentation ; l'appareil compliqué des expériences leur dissimule parfois le point esssentiel et il leur arrive, à force de regarder les maisons, de nier ce qui se passe à l'intérieur et même l'existence de la ville. Il semble que l'on puisse ramener à trois types principaux leurs griefs contre l'effort musculaire ; ils le nient parce qu'il les obligerait à sortir des limites de leur science et à se rendre, pour ainsi dire, tributaires de la psychologie ; ils le rejettent parce que ses prétendues données sont entachées d'inexactitude et échappent à la mesure et au calcul ; ils l'éliminent enfin parce qu'ils sont sûrs de pouvoir s'en passer et qu'ils expliquent fort bien sans lui tous les faits. C'était le dieu des coulisses et l'asile de l'ignorance : qu'il rejoigne les causes finales,

ces vierges stériles dont parle Bacon. La logique est chose
brutale et qui prétend régenter jusqu'aux savants ; nous
avons donc à cœur, avant d'employer cette arme discour-
toise, de rappeler que nous prenons à partie non les physiologistes — nul n'estime autant que nous leurs admirables
travaux — mais le psychologue que chaque physiologiste
porte en lui et qui glisse insidieusement ses opinions à la
faveur de l'autorité scientifique. N'avons-nous pas séparé
de même le métaphysicien du psychologue chez Biran ?
Osons donc dire pour donner à la discussion la plus grande
précision possible que le premier argument est le paralogisme transcendantal de la physiologie, le deuxième un
véritable sophisme de confusion et le troisième une contradiction flagrante dans l'énoncé même du problème.

I. Quelle est, en effet, la thèse des physiologistes ? Ils prétendent décomposer la sensation musculaire en sensations
élémentaires qui ont toutes leur origine dans le muscle lui-
même ou dans les parties adjacentes froissées par sa contraction. Tout part de l'organisme, rien ne vient de l'esprit ;
le phénomène est orienté du dehors au dedans et la conscience n'est que le réceptacle et pour ainsi dire le point de
convergence des sensations élémentaires. Elle les reçoit
sans les faire naître et les subit sans les produire. De l'objet
à l'organe, de l'organe au muscle, du muscle au nerf, du
nerf au cerveau, du cerveau à la conscience, voilà comment
se produisent et se dirigent les sensations musculaires ; un
seul mot dit tout cela : elle est *afférente*, non *efférente*.
Malebranche leur prêterait une expression énergique : en
produisant l'effort nous croyons agir et en réalité *nous
sommes agis*. Il faut convenir d'ailleurs que les physiologistes analysent cet ensemble avec une rare finesse et une

extrême précision ; dans tout effort qui semble d'abord ne
porter que sur un muscle unique, deux ou trois tout au plus,
ils nous montrent une profusion de sensations dirigées du
dehors au dedans et produites par l'extension des tendons,
la fixation de la poitrine, l'occlusion de la glotte, les modifications des mouvements respiratoires, le froncement des
sourcils. Jamais on n'avait fait voir plus clairement que
dans l'appareil musculaire tout est sympathique et conspi-
rant ; dès qu'un mouvement se produit toute la machine est
en branle. Il n'est donc pas étonnant qu'à force de découvrir
des intermédiaires les physiologistes aient cru sincèrement
réussir à combler l'abime qui sépare l'effort du mouvement
et, si l'on nous permet cette expression, l'intensif de l'extensif. Ont-ils réellement puisé notre ignorance à sa source la
plus élevée? Dans la sensation musculaire si exactement analysée au point de vue de la quantité, n'y a-t-il pas une qualité spécifique dont ils ne peuvent rendre compte et qu'ils
prennent le parti de nier ou de passer sous silence? Mettez
la conscience à la question : vous ne lui arracherez pas cet
aveu qu'il n'y a rien de plus dans la sensation musculaire
active et voulue que dans la sensation musculaire passive et
subie. Que ce *quid proprium* échappe à l'analyse quanti-
tative des physiologistes, c'est possible, mais à coup sûr il
n'échappe pas à l'analyse qualitative de la conscience ; elle
s'obstine à distinguer dans nos mouvements le volontaire du
spontané, de l'instinctif, de l'habituel, du convulsif, du
spasmodique. Elle voit autre chose dans la vie qu'un
ensemble de réflexes coordonnés. Elle ne nie pas la science :
elle l'accepte et la complète. Prouvez-lui qu'elle a tort de
voir ce qu'elle voit.

Hume prétendait la réduire à l'ignorance, sinon à l'ab-

surde, et cherchait hors de la volonté, dans les intermédiaires physiologiques qui séparent l'effort du mouvement,
la cause ou plutôt l'antécédent invariable de ce mouvement.
Les physiologistes se bornent à renouveler l'argument de
Hume, mais en faisant étalage de science autant qu'il faisait
profession d'ignorance. Peut-être, disait-il, la cause du
mouvement se trouve-t-elle non dans l'effort mais dans ces
intermédiaires ignorés. Les physiologistes suppriment le
peut-être, nient l'ignorance des intermédiaires et, les consi-
dérant en sens inverse, c'est-à-dire du mouvement à l'effort
et non de l'effort au mouvement, ils prétendent que la
somme des termes de cette série équivaut exactement à la
sensation musculaire totale. Précisons : Hume disait que le
mouvement s'explique probablement sans qu'on ait besoin de
faire intervenir le premier terme de la série, c'est-à-dire
l'effort, d'où il résulte qu'en nous croyant les causes de nos
mouvements, nous pourrions bien être les jouets d'une illusion
d'optique interne. Les physiologistes soutiennent que le pré-
tendu sentiment de l'effort n'est que le dernier terme d'une
série de sensations musculaires, et qu'en additionnant les
termes de cette série on n'obtient exactement la sensation
musculaire totale telle qu'elle est donnée dans la conscience,
qu'en attribuant à ce dernier terme une valeur rigoureusement égale à zéro.

Dans l'hypothèse de Hume, si notre pensée ou notre désir
étaient immédiatement suivis de leur réalisation, si les montagnes s'abaissaient quand nous en avons la pensée, si les
fleuves s'arrêtaient quand nous en formons le désir, nous nous
attribuerions naïvement le pouvoir d'abaisser les montagnes
et d'arrêter les fleuves, alors que ce pouvoir n'appartiendrait
en réalité qu'à Dieu ou à la nature. Nous ressemblons tous à

Corneille qui, selon Voltaire, avait un démon familier qui lui
dictait ses beaux vers, ceux que la postérité a nommés cor-
néliens, puis se retirait sournoisement dans sa cachette en disant : « Voyons comment il s'en tirera tout seul ! » Nous ne
nous en tirons jamais tout seuls et nos mouvements ne sont
nôtres qu'en apparence. Les physiologistes n'ont pas besoin
de recourir à un démon ou à un lutin. Supprimer l'effort,
c'est pour eux une simple affaire de calcul, et ce calcul n'a
rien de transcendant puisque c'est une vulgaire addition. Vous
levez votre bras et vous vous croyez bien sûr de produire ce
mouvement parce que, dites-vous, vous avez conscience de
votre effort : erreur, vous n'avez conscience que de vos
sensations musculaires, et je le prouve. Voici le tableau
noir et la craie : écrivez : tant pour les muscles du bras,
tant pour ceux qui fixent la poitrine, tant pour ceux qui
modifient la respiration, qui ferment la glotte, qui serrent
les paupières, etc. Est-ce tout ? Additionnez et constatez
vous-même la parfaite égalité de la somme obtenue avec la
sensation musculaire révélée par votre conscience. Êtes-vous
bien convaincu maintenant que l'effort est, je ne dis pas simplement une quantité négligeable, mais un pur zéro ? Lui attribuer une valeur aussi petite que l'on voudra, c'est troubler
et fausser les calculs du physiologiste et rendre la physiologie même impossible, puisque, comme l'a dit Képler, la
science c'est la mesure, *scire est mensurare.* Hume forçait
les psychologues à dire le « *Que sais-je ?* » de Montaigne ou
peut-être le « *Je ne sais* » de Charron. Les physiologistes
ne se contentent plus de cet aveu d'ignorance ; c'est précisément, disent-ils, parce que nous savons tout que vous ne
savez rien, *nil scitur conscientiâ,* et ne pouvez rien savoir.
L'antique formule de Gorgias suffirait à peine pour exprimer

cette ignorance ineffable et infinie qui est le propre des psychologues : l'effort n'est pas, ne se connaît pas, ne se manifeste pas !

Cet accord parfait du scepticisme de Hume avec le dogmatisme tranchant des physiologistes donne à penser et fait naître des soupçons sur la validité d'un argument ployable en deux sens opposés. Supposons que l'addition précédente soit exacte (car on n'aurait pas le droit de se prévaloir d'une erreur de calcul), l'opération en elle-même est-elle légitime ? Ajouter des faits passifs à d'autres faits également passifs et trouver comme résultat un fait d'activité, quelle surprise ! On nous dira que les quantités additionnées sont parfaitement homogènes, qu'on se garde bien d'ajouter des mètres à des francs et qu'on n'ignore pas que la physiologie n'est pas le monde abstrait des mathématiciens ; mais c'est précisément la question, car si nous ne sommes pas dans le monde des abstractions, il faut admettre tout d'abord la parfaite homogénéité des sensations passives et de l'effort actif, ce qui dispense de toute démonstration. La prétendue solution n'est donc que l'énoncé même du problème. Que faites-vous de ce coefficient personnel de l'effort qui constitue son caractère spécifique ? Avouez donc que vous ajoutez des effets à des efforts, des quantités à des qualités. Passer de la pensée à l'être, cela s'appelle le paralogisme transcendantal de la métaphysique ; passer de l'effet à l'effort, de la quantité à la qualité, de l'extensif à l'intensif, cela pourrait bien constituer le paralogisme transcendantal de la physiologie. J'affirme mon effort, *clamante conscientiâ*, vous le niez, *certissimâ scientiâ*, qui jugera entre nous ? Ne sentez-vous pas que si l'effort est réel, la physiologie doit l'ignorer, et qu'elle ne le découvrira ni à la pointe d'un scalpel, ni derrière une loupe. Le nier dans la conscience au nom de la science, c'est s'attribuer l'étrange et exorbitant privilège de sonder les cœurs et les reins, c'est prétendre à une connaissance de l'âme d'autrui plus complète et plus profonde qu'aucun psychologue ne s'en attribua jamais de son âme propre, c'est déclarer enfin que les bornes de la physiologie sont les bornes du monde et de la pensée, *mœnia mundi*. Quand le savant déclare à la conscience qu'elle n'ira jamais plus loin que ses expériences, quand il lui soutient qu'entre l'effort produit et la sensation musculaire subie elle est incapable de discerner la moindre différence, la conscience, mise pour ainsi dire au pied du mur, réplique par le mot d'un personnage de la comédie antique : « Non, tu ne me persuaderas pas, quand bien même tu m'aurais persuadée ! »

Si le physiologiste disait simplement qu'il fait abstraction de l'effort qu'il consent ou plutôt qu'il aspire à l'ignorer, tout serait pour le mieux, car ce serait déclarer qu'il laisse au psychologue le soin de retrouver l'activité de l'esprit dans l'effort moteur et même, s'il lui plait, sous la passivité des sensations, mais il n'en est pas ainsi, et bien loin d'admettre la banale formule, *chacun son métier*, il fait un devoir au psychologue d'abdiquer sa conscience et de renier son effort. Un mot remplace tout, et ce mot cabalistique c'est, à l'heure actuelle, le mot *afférent !* C'est bientôt dit, mais où donc tendent ces faits énumérés et comptés avec tant de soin ? Vers quel point se propagent ces multiples vibrations et à quel centre aboutissent tous ces courants nerveux ? Quel est surtout le calculateur et l'arithméticien qui en fait intérieurement, non pas la somme, comme vous le croyez, mais la synthèse mentale ? On s'en tire encore par des mots : avec M. Taine on oppose le *dehors* au *dedans*, vain subterfuge, car je ne suis pas un dedans inerte et vide, mais une personne ou pour le moins un individu actif et conscient. C'est appliquer à l'homme l'ingénieuse définition du canon ; un trou autour duquel on a mis du bronze. C'est pis encore : trou, bronze et projectile, tout est solide et rigide, et le moi se trouve pris dans les glaces. L'effort vous gêne et vous le supprimez, mais quelle puérilité d'exorciser l'effort et d'excommunier la conscience ; cela, c'est l'homme même, et il survit à tous les systèmes. Hors de l'Église il n'y a pas de salut, formule tolérante et modérée auprès de celle qu'on nous propose : hors de la physiologie, il n'y a rien !

II. Peut-être les psychologues ont-ils parfois gâté leur thèse en l'exagérant : attribuer au sens de l'effort une appréciation exacte de l'énergie déployée ou de la force nerveuse dégagée, le proclamer infaillible et impeccable, c'est donner des armes aux physiologistes : car leur tactique consiste précisément à nous faire toucher du doigt les erreurs et les contradictions du sens musculaire. Biran s'est bien gardé de lui reconnaître cette infaillibilité dans l'appréciation ; il ne parle même pas du dégagement de la force nerveuse et de l'innervation volontaire. Il est visible que nous proportionnons vaguement notre effort à la résistance prévue, mais cette prévoyance est le résultat d'une foule de comparaisons conscientes et inconscientes et n'a évidemment rien d'inné. Qu'au lieu d'un boulet de fonte j'aie devant moi une boîte de carton peint, ou bien une tige de fer peinte en roseau au lieu d'un roseau peint en fer, mon attente sera trompée et mon effort disproportionné ; mais que conclure de ces erreurs qui portent plutôt sur la quantité de résistance à vaincre que sur la qualité de l'effort à produire ? Tous nos sens nous trompent d'une manière analogue ; car mesurer c'est juger et même raisonner, et l'appréciation raisonnée qui s'ajoute à la perception ne la constitue pas. Je ne suis pas moins sûr que l'acrobate du pouvoir de remuer mes jambes et mes bras, quoique ce pouvoir n'ait reçu chez moi qu'une éducation rudimentaire et négligée. L'aveugle-né, nouvellement opéré, croit, dit-on, que les objets touchent son œil et sont fixés sur un plan tangent à l'orbite ; il n'en est rien, car il n'arriverait jamais à éloigner de l'œil par le toucher ce plan idéal où se peint le tableau des choses. Ce qu'il acquiert, c'est la juste appréciation, non la perception première des distances. Le sens musculaire a aussi une sorte de cécité native, mais il se donne par l'habitude une seconde nature qui ne doit pas nous faire méconnaître la première. Même chez le paralytique il n'est que refoulé, réduit à l'impuissance, non détruit, car il constitue pendant toute la vie une sorte de tonicité de l'organisme. Il se trompe, mais il peut dire : *si fallor sum.*

Ce n'est là toutefois qu'une réponse théorique et provisoire. Suivons les physiologistes dans la salle de clinique et interrogeons les malades. Voici, nous disent MM. Gley et Marillier, un malade « absolument dépourvu de sensibilité dans la moitié supérieure du corps jusqu'au niveau de l'ombilic », n'est-il pas vrai que si le sentiment de l'effort, la mesure de l'effort se trouvent abolis, c'est que ce sentiment et cette mesure se réduisaient entièrement aux sensations afférentes supprimées par l'état pathologique ? Ainsi raisonnent nos expérimentateurs, mais ce raisonnement qui paraît irréfutable n'est que spécieux ; il est clair, dirait Biran, qu'en supprimant la matière vous supprimez la forme, qu'en détruisant les sensations musculaires passives vous détruisez leur caractère spécifique, toujours imprimé par l'effort.

Vous supprimez la lumière et les objets, l'air et les corps
sonores et vous mettez l'œil et l'oreille au défi de voir et
d'entendre : en reste-t-il moins vrai que la sensation est,
comme disait Aristote, l'acte commun du sentant et du senti ?
Placez-vous, semble-t-on dire, sous la cloche de la machine
pneumatique et essayez de parler ou de chanter ; vous ne
pourrez pas même réussir à émettre un son ; c'est donc l'air
en vibration qui parlait votre pensée et peut-être pensait
votre parole. Étrange raisonnement qui tendrait à faire de
l'homme un pur esprit ou une simple machine, qui me
dépouille de mon corps, me plonge dans le vide, me préci-
pite dans le néant et me demande si je pense encore et si
je me sens toujours exister ! Mais vous aurez beau faire :
d'une part, nous n'adopterons jamais cet effort sans organe,
cette âme séparée, ce moi sublimé ; d'autre part, vous ne
réaliserez jamais les conditions de votre expérience, à moins
pourtant qu'un des deux expérimentateurs n'empoisonne l'autre au moyen du curare et ne lui demande, dans cet état de
mort provisoire où le corps n'est plus qu'un tombeau, s'il est
encore capable d'exercer un effort et pour ainsi dire de heurter du front la planche du cercueil et le mur de sa prison !
Les conditions de l'*experimentum crucis* sont irréalisables.

Et que répondait le malade insensible élevé subitement à
la dignité d'arbitre de ce grand débat psychologique ?
« Dans toutes les expériences que nous avons faites, disent
les deux physiologistes, le malade a toujours cru avoir
réussi à plier complètement les bras, tandis qu'en réalité
ils bougeaient à peine. » N'était-ce pas dire clairement
qu'il percevait encore son effort, mais qu'il ne savait plus
apprécier l'amplitude de ses mouvements? C'est la pleine
confirmation de la théorie biranienne, car apparemment

Biran n'a jamais émis cette étrange opinion que son meilleur disciple serait un clown ou un hercule, celui qui produirait les efforts les plus vigoureux ou qui mesurerait ses mouvements avec le plus de précision. Bougeaient à peine! mais cela suffit et au-delà : une gigantesque baleine, imprimant à sa queue des mouvements à faire chavirer un navire, percevrait-elle donc son effort et son moi plus nettement que le philosophe qui médite, immobile, le front dans la main et le coude sur la table. Ampère soutenait même que l'effort appelé musculaire n'est peut-être que cérébral : le muscle l'accentue et semble l'amplifier comme la trompette amplifie le son et le fait retentir ou comme le microphone rend perceptibles les plus petits bruits. Ampère eût dit que l'effort n'est jamais mieux perçu que dans la concrétion des sensations afférentes avec l'activité motrice : supprimez les premières, la seconde se perd en quelque sorte dans le vide et dans l'inconscient. C'est la pure doctrine biranienne : on croit la réfuter et on ne fait que la consolider en lui fournissant une sorte de preuve et de vérification expérimentale; elle ne redoute pas plus la pathologie et la tératologie que la physiologie, parce qu'elle est un fait et une vérité, non une hypothèse.

III. Il y a plus : ses adversaires n'évitent ni l'hypothèse ni même la contradiction, quoiqu'il ne soit pas aisé de mettre cette contradiction en évidence et de la dégager de cet ensemble assez confus d'expériences précises et de vagues raisonnements où se réfugient les assembleurs de nuages. Ferrier raisonne ainsi : le vrai moyen de prouver que l'effort est une réalité, non une illusion de la conscience, serait de l'isoler de toute sensation musculaire afférente. Essayons : Pressez du doigt la détente d'un pistolet imaginaire, que sentez-vous ? un effort très réel, un effort dégagé de toute sensation puisqu'il n'y a pas de mouvements produit. N'est-ce pas la preuve demandée ? Non, répond Ferrier, car vous oubliez une multitude de sensations musculaires qui n'ont pas lieu, il est vrai, dans votre doigt immobile, mais dans les muscles de la poitrine et dans ceux qui modifient la respiration, expriment l'attention et président aux phénomènes d'arrêt ou, comme on dit, d'inhibition. Il faut reconnaître le bien-fondé de ces analyses : voilà donc l'effort chassé du doigt; M. W. James va le chasser des muscles de l'œil, « dernière petite retraite où, dit-il, il se croyait inexpugnable ». Quand le muscle droit interne de l'œil est paralysé, dit Helmholtz, l'œil ne peut plus se tourner du côté droit, mais si le patient essaye de le tourner dans ce sens, bien qu'il n'y réussisse pas, il produit néanmoins, par son seul effort, un résultat très réel ; les objets semblent fuir à droite. Il est bien évident que la volonté n'a point prise sur les objets et qu'elle ne produit aucun effet dépassant le système nerveux, et pourtant le malade juge de la direction de la ligne de vision comme si le mouvement normal de l'œil avait été réellement produit : il croit si bien avoir imprimé un mouvement de rotation à son œil qu'il attribue ce mouvement aux objets immobiles. L'effort n'est-il pas cette fois isolé et la nature prise sur le fait par une sorte d'*experimentum crucis?* Ainsi raisonnait Helmholtz : M. W. James lui démontre qu'il n'oublie qu'une petite chose, mais essentielle, le mouvement très réel et réellement perçu que le patient imprime à l'œil sain et non parétique. Helmholtz a oublié que l'organe visuel ne forme qu'un appareil unique, un œil de cyclope, *Cyclopenauge*, comme il le dit lui-même, un *œil double*, suivant l'expression de

Hering. La prétendue expérience cruciale n'est qu'un so- phisme d'énumération imparfaite. Jamais on n'isolera l'effort; les sensations afférentes demeureront toujours comme une tunique de Nessus qu'il ne peut rejeter loin de lui pour se montrer en plein et comme à nu et qui le consume en dépit des psychologues.

Et bien, non; c'est plutôt un vêtement qui moule ses formes et les fait ressortir. Comment ne voit-on pas qu'il n'est pas possible de nier l'effort et de chercher en même temps à l'isoler; les deux ordres d'expériences se contre- disent. Est-ce que le malade de MM. Gley et Marillier, quand on lui ordonnait de remuer son bras ou sa jambe, avait le pouvoir de supprimer ces sympathies organiques et musculaires dont se prévalent Ferrier et James ? D'une part on affirme donc que l'on a réellement isolé l'effort de toute sensation et que l'on a constaté *de visu* qu'isolé il est un pur zéro; d'autre part on soutient, avec beaucoup plus de raison selon nous, que l'entreprise d'isoler l'effort est abso- lument chimérique et qu'on n'y réussira par aucun artifice d'analyse ni même en appelant à son aide toutes les mala- dies et tous les fléaux. Que Messieurs les expérimentateurs commencent par se mettre d'accord. Vouloir isoler l'œil en le privant de la lumière et en le séparant de tout objet pour lui demander s'il voit encore, quelle puérilité ! C'est pourtant ce que l'on entreprend contre l'effort musculaire; que l'on se décide donc à prendre un grand parti en inter- rogeant enfin, non un malade insensible, paralytique ou parétique, mais l'automate de Vaucanson !

Autant vaudrait soutenir que l'estomac ne joue aucun rôle dans la digestion sous prétexte qu'il ne digère pas sans aliment et pour ainsi dire à vide. Les sensations afférentes ne sont, en effet, que l'aliment de l'effort ; il s'en empare, se les assimile, les transforme et en compose notre vie et notre mouvement, peut-être même, comme le croyait Biran, notre intelligence. L'effort séparé ne serait qu'une abstraction réalisée, une cause occulte et sans effet ou plutôt une non-cause, un pur néant. Les physiologistes qui le combattent sous cette forme donnent, qu'on nous passe le mot, des coups d'épée dans l'eau et s'épuisent à poursuivre et à pourfendre une ombre : l'organisme ne contient pas l'effort, mais seulement son ombre portée. Un métaphysicien allemand a combattu comme trop dogmatique le *je pense* de Descartes ; il faudrait dire *il pense* dans mon cerveau, à l'impersonnel, comme on dit *il tonne, il fait des éclairs.* Dépasserons-nous ces audaces germaniques en disant, sur la foi des physiologistes : *il veut, il fait effort* dans mon cerveau et dans mes muscles ?

III

Les ennemis du dedans sont plus dangereux que ceux du dehors, et je redouterais bien plus les analyses de M. Renouvier et de M. James que les expériences des physiologistes qui frappent peut-être plus fort, mais moins juste. Ceux-ci savent mieux où est le défaut de la cuirasse ; nourris d'analyse psychologique, ils en connaissent les détours et les subtilités. M. Renouvier se gardera de dire que l'effort n'est rien : c'est, dira-t-il, une représentation qui se meut elle-même. M. James supprimera en réalité l'efficacité du vouloir et de l'effort, mais il les remplacera par un *fiat* prononcé dans le for intérieur. L'un et l'autre savent très bien qu'on ne détruit que ce qu'on remplace. Ainsi M. Ribot supprime l'effort d'attention et confond l'attention elle-même avec la sensation dominante, l'idée fixe, une sorte de sensation et de fascination de l'idée tout en conservant avec soin la locution toute faite et fort commode d'attention volontaire qui n'a plus de sens dans sa doctrine. Ainsi encore M. Souriau abolit cette faculté surannée, la conscience, mais la remplace par la mémoire qui n'est pourtant, semble-t-il, qu'une conscience continuée [1]. Le vouloir, l'effort, l'attention, la conscience, simples « phénomènes surnuméraires » pour les uns, simples « épiphénomènes » pour les autres: voilà le bilan de ces précieuses mais dissolvantes analyses. Les physiologistes n'avaient à nous offrir que la partie négative, *pars destruens*, de la théorie ; ils ont des alliés dans la place et ces alliés vont nous donner un système cohérent, une *pars aedificans* complète. C'est la guerre civile succédant à la guerre étrangère — une question de vie ou de mort pour la science qu'on appelle un peu dédaigneusement la vieille psychologie. Nous voici donc, sur la question particulière de l'effort, enrôlé parmi les vieux psychologues; consolons-nous en nous rappelant que du temps de Biran cette psychologie passait pour nouvelle, pour paradoxale, et que les théories d'aujourd'hui, celles du moins qui se donnent pour mission de tout expliquer par la sensation, constituaient précisément la vieille psychologie, de son vrai nom le condillacisme ou le sensualisme.

---

[1] « La réminiscence est la trace même de la conscience », dit Biran, *Œuv. inéd.*, t. II, p. 448. — « Ce que le moi a mis du sien dans une impression reçue peut seul revivre en lui, sous forme de réminiscence ou de souvenir. » *Ibid*, p. 140.

I. Dès le début, dans la définition de l'effort, énoncée par M. Renouvier et prise par M. James pour épigraphe de son savant ouvrage, il y a quelque chose de mystérieux qui nous arrête : « L'effort, le *nisus*, dit-on, ne doit pas être fixé dans le rapport de la volition avec l'acte propre du mobile matériel... L'effort, dans l'acception rationnelle de ce mot, c'est le rapport de la représentation avec elle-même. » Représentation qui se meut, représentation en rapport avec elle-même, représentation automotive, voilà les périphrases par lesquelles M. Renouvier désigne ordinairement l'effort. Cherchons une définition plus précise et qui puisse enfin remplacer la théorie que M. Renouvier désigne par une autre périphrase, très claire cette fois : « la théorie encore célèbre chez nous de Biran, une des moins défendables erreurs qu'il y ait en psychologie. » L'effort, nous dit-on, n'est que le *maintien d'une représentation de jussion* [1]. La formule n'est peut-être pas des plus élégantes, mais elle est précise et cela nous suffit. Elle nous apprend que l'effort n'est pas transitif, mais immanent et ne porte que sur des représentations : il fallait s'y attendre puisque selon M. Renouvier, le moi n'est lui-même qu'une catégorie.

[1] Voyez la *Psychologie rationnelle* de M. Renouvier. L'auteur, dans la *Critique philosophique* (n° du 31 août 1888), revient sur les idées émises par lui trente ans auparavant et déclare qu'il n'y a rien à changer à sa théorie. Tout en louant son disciple, W. James, il lui reproche sévèrement de faire honneur à une « psychologie nouvelle » de leurs idées communes et d'assimiler « notre activité au type de l'action réflexe ». — « Nous réclamons, dit-il, en faveur de l'initiative de l'esprit, et nous ne voyons pas que la physiologie ou la *psychologie nouvelle* aient apporté le moindre commencement de preuve à cette idée, toute familière qu'elle puisse être aux physiologistes: que tout fait de conscience naît d'une impression sensorielle ou d'une réaction contre des impressions sensorielles. »

Tout le monde connait les belles expériences de M. Chevreul, sur la réalisation des images en mouvements ; c'est l'origine de l'ingénieuse théorie de M. Renouvier, sur le vertige mental et de tous les abus qu'il fait des images automotives. Oserons-nous accuser l'éminent psychologue, le sévère logicien d'employer justement les trois mots les plus propres à faire ressortir l'insuffisance de sa théorie phénoméniste et purement logique de l'effort ? Qu'est-ce que *maintenir* une image, sinon produire, ce qu'on appelle aujourd'hui un véritable effort d'inhibition ou d'arrêt qui porte toujours, comme le démontre M. Ribot, et sur la substance nerveuse et sur le système musculaire ? Et cet effort, pour maintenir la représentation ne doit-il pas s'exercer là où réside l'image, c'est-à-dire sur le cerveau, puisque M. Bain démontre que l'image, sensation renouvelée, occupe le même siège cérébral que la sensation primitive ? Sûrement elle ne voltige pas en l'air comme l'hirondelle, ou portée par le souffle intérieur, sorte de πνεῦμα qui serait l'esprit. On ne pense pas sans image, et d'ailleurs M. Renouvier a bien soin d'employer les mots non d'idée pure, mais de *représentations* automotives et certainement localisées [1]. Dès lors l'effort,

---

[1] Dans l'article du 31 août 1888, M. Renouvier dit : « En résumé, nous pensons qu'on peut dire, avec la formule de M. James : *La seule cause connue de l'exécution d'un mouvement est la pure idée de l'exécution du mouvement et quand cette idée vient à l'esprit vide d'autres idées, le mouvement fatalement et invinciblement a lieu.* Seulement nous entendons par l'*idée de l'exécution* l'idée du mouvement comme s'*exécutant* et comme il serait extérieurement perçu s'il s'exécutait et non l'idée de ce que doit sentir celui de nos membres qui l'exécute; et nous joignons à cette idée, qui serait sans cela de pure vision imaginative, un complément de désir et d'émotion qui ne manque, ce nous semble, à aucun de nos actes, soit spontanés, soit volontaires, quoi qu'il puisse être souvent assez faible et léger pour

pas plus que la représentation, ne saurait être d'ordre purement intellectuel ou logique; en maintenant et en fixant
l'image, lors même qu'elle n'offre rien de désagréable à mon
esprit, j'agis si bien sur mon cerveau et sur mes muscles que
ma pensée la plus subtile se traduit toujours par quelques signes physiognomiques. Que dire de la *jussion*? Suffit-il
donc d'un ordre pour être obéi à point nommé? Est-ce que
je dirige mes organes, comme on dit, au doigt et à l'œil?
L'homme est-il une intelligence servie par des organes ou
une volonté qui se sert des organes? Je ne commande certainement pas à mes muscles comme un maître à son esclave
ou un cocher à son cheval; je ne leur dis pas simplement
d'obéir : je les fais obéir.

Au fond, sous le nom de mouvements volontaires, M. Renouvier nous décrit des phénomènes de suggestion ou plutôt
d'auto-suggestion. C'est chez l'hypnotisé que l'image se réalise
d'elle-même en mouvement, qu'il la conçoive spontanément ou
qu'il la reçoive passivement; mais notre vie normale n'est pas
un rêve en action bien ordonné; la suggestion, fort à la mode,
n'a pas encore le droit de s'ériger en explication universelle,
et l'on nous persuadera difficilement que nous faisons tous
de l'hypnotisme sans le savoir, des suggestions où nous
serions à la fois l'agent et le patient, l'hypnotiseur et l'hypnotisé. Cette torture même infligée à la langue commune
pour expliquer la théorie nouvelle la rend suspecte; l'effort
est un fait de tous les jours et pour en parler il semble que
la langue de tout le monde doit suffire. A vrai dire, on se
rappelle involontairement le père de M. Jourdain qui ne

échapper à l'attention. » La représentation automotive, on le voit,
s'enrichit et se complique singulièrement.

vendait pas du drap, mais en donnait à ses amis pour de l'argent ; on nous dit de même que nous ne remuons pas les bras ou les jambes, mais que nos représentations automotives les remuent pour nous. Cependant on célèbre avec une sorte d'enthousiasme le règne absolu des représentations : « A l'avènement d'un pouvoir d'un genre si nouveau, écrit-on, on peut dire que les choses cessent d'*être* simplement, mais *se font elles-mêmes*, et qu'une nature se produit par dessus la nature ». Les choses ne sont et ne se font pas ainsi ; demandez à celui qui n'a pas de système à défendre s'il suffit, pour agir et mouvoir son corps, d'évoquer fortement une image et de désirer passionnément qu'elle se réalise ; il n'en conviendra jamais ; il vous répondra comme le fabuliste : Hercule veut qu'on se remue, qu'on prenne son pic et qu'on applique l'épaule à la roue !

Mon esprit n'est pas la volière de Platon où voltigent de leurs propres ailes les erreurs et les vérités ; ma pensée n'est pas la colombe de Kant qui aspire à voler dans le vide sans songer que si l'air fait obstacle à son vol, il le dirige et la supporte. M. Renouvier a le tort d'intellectualiser l'effort et de transformer en logique abstraite la vivante psychologie. Il ne songe pas que les impératifs les plus catégoriques et les représentations les plus lumineuses n'ont par eux-mêmes et sans l'effort aucun pouvoir de réalisation : quand une représentation actuelle semble se réaliser d'elle-même et sans mon intervention, c'est encore par l'automatisme de mon effort antérieur. La logique même de M. Renouvier n'est pas impeccable sur ce point particulier : certaines images se réalisent spontanément, donc tout mouvement est une réalisation spontanée d'images, tel est son raisonnement dont la conclusion dépasse évidemment les prémisses. Biran acceptait les prémisses puisqu'il admettait antérieurement aux mouvements volontaires la spontanéité et l'instinct, mais il rejetait la conclusion. Admettre des représentations qui se meuvent elles-mêmes, c'est poser des *moi* partiels sans le *moi* ou avant le *moi;* c'est faire descendre les mouvements du ciel sur la terre, de la pensée dans l'organisme par une sorte d'évocation ou d'incantation qui constitue un miracle ou du moins un mirage perpétuel. Mes idées et mes images sont déjà ou sont encore mes efforts

II. Aussi M. W. James se croit-il obligé d'ajouter au maintien de la représentation un *fiat* qui achève son effi- cacité motrice. Que signifie ce mot mystérieux et sacra- mentel? Il signifie d'abord que le phénomène n'a rien de musculaire et se passe tout entier dans l'esprit qui prononce le *fiat,* car si la représentation résiste et fait obstacle, ce n'est pas comme musculaire, mais simplement comme désa- gréable [1]. « Toute autre sensation désagréable, dit l'auteur, peut également servir de terme résistant qui s'oppose à ce que le *fiat* se réalise. L'espèce de monopole monstrueux que Biran donne aux sentiments musculaires vient de ce qu'il n'a pas saisi complètement la distinction que je fais entre toutes les sensations afférentes d'une part et le *fiat* de l'autre. » Il nous semble que Biran a parfaitement saisi cette distinction, seulement il parle comme tout le monde d'un effort et non d'un *fiat* mystérieux. Les exemples choisis par M. James pour illustrer le *fiat* et éclaircir le mystère sont significa- tifs : choisir entre deux alternatives pour expérimenter sa liberté d'indifférence ; courir à travers champs, sauter,

---

[1] C'est point pour point la théorie de Malebranche : « Sache, mon fils, que tes efforts ne diffèrent de tes autres volontés pratiques que par les sentiments pénibles qui les accompagnent... » (*Ve Médit.*)

enjamber les haies et se sentir assez de force et de souplesse
pour « sauter sur la lune »; pour le matelot épuisé de fatigue,
secouer le sommeil et bondir hors de son lit quand un signal
connu ordonne de courir aux pompes; pour un Régulus,
s'arracher aux bras des siens et retourner héroïquement
à Carthage; pour le prêtre qui a senti la morsure du doute,
rompre avec son église après un long drame intérieur; pour
la jeune fille, renoncer au mariage plutôt que de renoncer
à son idéal en épousant « le bon vieux célibataire » qui est
seul à demander sa main; pour le pécheur aiguillonné par le
remords, faire publiquement la confession de ses crimes,
quelles que doivent être les conséquences de cet aveu. « Si
nous analysons tous ces cas si variés, dit M. James, nous
trouverons littéralement un *fiat*, un état d'esprit qui consent,
accepte ou veut que certaines expériences représentées continuent à être ou deviennent pour la première fois partie de
la réalité. » N'est-ce pas jouer sur le mot réalité ? Une représentation ne devient une réalité que par mon effort qui la
réalise par l'intermédiaire du mouvement : elle n'avait auparavant, qu'on nous passe le mot, qu'une réalité idéale. Le
philosophe habitué, semble-t-il, à prononcer dans son esprit
l'impératif intellectuel : « Que la lumière soit! » s'imagine
trop aisément que c'est l'acte propre de l'homme : vivre, ce
n'est pas respirer, ni même penser, c'est agir. Maintenir de
bonnes intentions, c'est quelque chose, pourvu qu'elles
ne soient pas simplement des pavés préparés pour l'enfer.
Quand on nous dépeint l'acte de la volonté comme s'il con-
sistait uniquement à écarter une représentation agréable et
à maintenir une représentation désagréable, on ne décrit
que le premier moment de l'opération. « Le vouloir, nous
dit-on, n'est que la suppression permanente d'une idée

quoiqu'elle plaise immédiatement et la survivance assurée dans l'esprit d'une autre idée sous la forme d'une contemplation, ou d'une attente, ou d'un assentiment, ou d'une affirmation qui ne varie plus. » Le vouloir est tout cela et plus que cela : écarter les images antagonistes et donner la victoire à l'image librement choisie, c'est une opération qui se passe à la fois dans l'esprit, dans le cerveau et dans les muscles, et qui exige l'énergie et l'efficacité de l'effort. Aide-toi, l'idée t'aidera, l'image t'aidera : compter sur le secours du ciel et se croiser les bras en invoquant la grâce habituelle de l'idée et la grâce actuelle de l'image, c'est un leurre et une duperie. Rien ne remplace jamais le choc initial ou, comme dit Pascal, la première chiquenaude.

Les déductions psychologiques que M. James tire lui-même de sa théorie la condamnent en la mettant en contradiction avec les faits les mieux établis. C'est d'abord la confusion du désir et de la volonté : on raye d'un trait de plume les pages définitives de Biran sur ce sujet. Quand M. James cherche des exemples de volonté tantôt efficace, tantôt impuissante, il cite pêle-mêle la résolution d'écrire, l'acte d'éternuer et le désir d'éloigner une table par la seule force de la pensée[1], puis il ajoute : « Ma représentation volontaire ne peut pas plus déterminer à l'action mon centre d'éternuement qu'elle ne peut y déterminer la table. Mais dans les deux cas, le vouloir est aussi réel et aussi bon qu'il l'était lorsque je voulais écrire. En un mot, la volition est un fait

---

[1] *Cf.* Malebranche, *VIIe Entret. métaph.* : « Supposons que cette chaise puisse d'elle-même se remuer : de quel côté ira-t-elle, selon quel degré de vitesse, quand s'avisera-t-elle de se remuer? Donnez-l. i encore de l'intelligence et une volonté capable de se déterminer, faites, en un mot, un homme de votre fauteuil ! »

psychique pur et simple, un fait absolument complet dès qu'il y a intention ou consentement. » Peut-on ranger trois faits aussi disparates dans une même classe, une résolution raisonnable, un simple acte réflexe, un désir chimérique et absurde ? Il est très vrai que l'enfant dit qu'il veut et non pas qu'il désire la lune, mais quel homme doué d'un peu de réflexion soutiendra qu'il veut que la table tourne ou s'éloigne ! Est-ce dans l'ordre psychologique, moral, réel, que l'intention est réputée pour le fait, que le consentement est le substitut, l'égal de l'effort, l'effort même ?

M. James est encore obligé d'avouer que sa théorie a pour conséquence ou plutôt pour principe l'identification complète de la croyance et de la volition. « Il n'y a aucune différence intrinsèque, dit-il, entre la croyance et la volition. Ce que l'esprit fait dans les deux cas est la même chose. Il prend une image et dit : en ce qui dépend de moi que ceci soit ! que ceci soit réel pour moi ! » Je le veux bien, mais quel est le critérium et la mesure de ce qui dépend de moi sinon ce que je puis réaliser par mon effort ? Rien de plus exact et de plus ingénieux que la théorie de M. Taine sur la tendance hallucinatoire et sur les agents réducteurs de l'image, mais soutenir qu'un Atlas portant le monde n'a qu'à croire qu'il le porte et à laisser à l'image toute sa puissance de réalisation en écartant les images antagonistes, est-ce une explication acceptable ? Le peintre et le statuaire le représenteront toujours peinant et souffrant, les muscles tendus et le dos courbé, jamais écartant des images comme Énée aux enfers écarte les ombres de son épée. L'idée juste qui se cache sous cette exagération, c'est que la foi qui n'agit point n'est pas une foi sincère, mais il suffit de remarquer qu'on agit selon sa foi sans qu'il soit besoin d'admettre que la foi agit toute seule ; c'est aussi l'antique théorie platonicienne qui identifie la science avec la vertu, la dialectique des actions avec la dialectique des idées, mais elle n'est vraie que dans le monde des idées où il n'y a ni nerfs ni muscles. On soupçonne involontairement M. James d'avoir aussi son monde d'idées, son idée de derrière la tête, et de laisser ses convictions religieuses et confessionnelles usurper de temps en temps les droits de l'analyse psychologique. Prendre une image et lui assurer la victoire, c'est bientôt dit, mais comment l'exciter et l'aviver sans mettre en jeu le cerveau qui est son substratum ou, comme on dit, sa base physique ? L'idée choisie, l'élue de l'esprit, combien d'hommes l'installent respectueusement sur le trône mystique d'un monde idéal qui ne s'abaissera jamais au niveau des vulgaires réalités ? Si l'idée règne, son empire n'est pas de ce monde. Nous sommes dans le monde de l'effort, lien substantiel de l'organisme et de l'esprit ; nous ne vivons que dans l'effort et par l'effort, *in eo vivimus, movemur et sumus.* S'il n'est, lui aussi, qu'un phénomène surnuméraire, qu'un épiphénomène, qu'une guenille, l'homme n'est que l'ombre d'une ombre. Il serait piquant d'entendre la vile matière, le corps protester à son tour et renversant les rôles, dire en parlant de l'effort dont on le sépare et du moi qu'on lui dérobe: « Guenille, si l'on veut, ma guenille m'est chère ! » Périr de mort violente par le matérialisme ou mourir d'inanition par le phénoménisme idéaliste, c'est tout un pour l'esprit : on ne lui laisse plus ni sang ni forces dès qu'on l'ampute de l'effort.

Ce n'est pas à l'Académie ni au Lycée que les Athéniens de Paris vont aujourd'hui chercher la vérité, c'est à l'hôpital. M. James a bien tort, toutefois, de se prévaloir contre l'effort musculaire des cas pathologiques, danse de saint Guy,

ataxie locomotrice, aphasie, car tous ces cas, de son aveu
même, offrent cette particularité commune que les mouvements contredisent les représentations. L'effort n'est pas
entièrement réduit à l'impuissance, mais le patient veut un
mouvement et en produit un autre, ce qui le remplit de rage
et de désespoir; il agit encore sur ses muscles, mais il ne
sait plus choisir les muscles, et si le clavier n'est pas muet,
il est certainement détraqué. N'est-ce pas la preuve que les
représentations n'agissent pas d'elles-mêmes par une sorte
de fascination préétablie? Nous ne dirons rien des para-
lytiques, et pour cause: Biran n'a que trop souvent cité et
commenté les belles observations de Rey-Régis. Concluons
donc en affirmant que Biran a connu et réfuté par anticipation toutes les objections élevées contre l'effort et que vrai-
semblablement l'avenir n'en produira pas de nouvelles : ni
les physiologistes, ni les psychologues n'ont encore réussi à
ébranler sa doctrine. Il y a plus : les théories de M. Renouvier et de M. James étaient déjà dans Malebranche, et Biran
les a réfutées d'avance avec une rare précision dans ses
Essais d'anthropologie. Que l'efficacité de l'idée s'explique
en effet par elle-même ou par l'intervention et la création
continuée de la divinité, cela importe beaucoup au métaphysicien, mais ne change rien à la théorie purement psychologique de la volonté: « Tu penses, disait Malebranche en
interpellant son esprit, tu penses être la véritable cause du
mouvement de ton bras et de ta langue, parce que le mouvement de ces parties suit immédiatement tes désirs ; mais
renonce à tes préjugés et ne crois pas qu'une chose soit
l'effet d'une autre, parce que l'expérience t'apprend qu'elle
ne manque jamais de la suivre... Je vois bien ce qui te
trompe, c'est que pour remuer ton bras, il faut que tu fasses

quelque effort; et tu t'imagines que cet effort, dont tu as le sentiment intérieur, est la cause véritable du mouvement qui le suit, parce que ce mouvement est fort et violent à proportion de ton effort. » Malebranche ajoute que la volonté ne connaît ni ne choisit les muscles, et en conclut que lorsque nous remuons le bras ou la langue, il y a deux volontés qui concourent, la nôtre qui est radicalement impuissante, et celle de Dieu seule éclairée et seule efficace. C'est placer en Dieu, la représentation automotive de M. Renouvier et le *fiat* de M. James [1], mais l'essentiel de la théorie psychologique reste le même. Hume et Malebranche furent en leur temps de rudes jouteurs; si Biran ne s'est pas laissé ébranler par leur pressante dialectique, il est peu probable qu'il se laissât convertir aujourd'hui par nos physiologistes et nos psychologues. A ceux mêmes qui prétendent perfectionner sa théorie en substituant à l'effort la volonté pure décrite comme une action de l'âme sur elle-même ou l'amour pur, donné comme enveloppant à la fois la cause efficiente et la cause finale de nos actions, il est probable qu'il répondrait par le mot de Bossuet : « Epaississez-moi cela ! » Il repousserait ce quiétisme psychologique et consentirait à peine à faire un pas vers Ampère en lui concédant que l'effort musculaire est d'abord cérébral [2]. Peut-être cependant, se rapprocherait-il

---

[1] « La terre me résiste », dit Ariste, prétendant prouver ainsi l'objectivité du monde extérieur. Théodore lui répond : « Et mes idées ne me résistent-elles point? Trouvez-moi dans un cercle deux diamètres inégaux ! » Maleb., *1er Entret. métaph.*

[2] C'est la principale objection de M. Taine contre la théorie de l'effort telle qu'elle est présentée par Biran : « La volonté est séparée du muscle par deux ou trois barrières; elle agit sur lui comme l'ingénieur du télégraphe de Vienne agit sur l'aiguille du télégraphe de Paris. *Les Phil. franç. du* xixe *siècle*, p. 70 (1re édit).

de son ami en constatant qu'on a mesuré la vitesse ou plutôt la lenteur du courant nerveux: entre la musculation et la cérébration, on a ainsi interposé un intervalle de temps, d'où il semble résulter que l'effort immanent ne nous est donné comme musculaire que dans un phénomène de réfraction physiologique. Ce fait nouveau, pressenti peut-être par le génie d'Ampère, n'empêcherait pas les deux amis d'écrire fièrement sur la première page de la théorie de l'effort qu'ils ont élaborée en commun, le mot de Thucydide sur son histoire: κτῆμα εἰς ἀεί.

CHAPITRE V

LE BIRANISME APPLIQUÉ A L'ÉDUCATION

On a trop oublié que Biran n'est pas seulement le plus grand métaphysicien qui ait honoré la France depuis Malebranche, un psychologue qui est notre maître à tous, mais qu'il est aussi un moraliste ingénieux et un profond théoricien de la science de l'éducation. La psychologie, selon lui, a besoin d'une contre-épreuve, d'une perpétuelle vérification : l'isoler en la séparant de la pédagogie, c'est lui enlever tout à la fois son vrai contrôle et sa réelle utilité. On trouve donc, dans ses œuvres, les éléments coordonnés d'une véritable psychologie appliquée qui n'a rien de transcendant et pourrait rendre de grands services à la science en vogue, à la pédagogie. Mais qui songe à citer Biran à côté de M. H. Spencer? En étudiant récemment un curieux recueil de lettres inédites adressées à Biran par ses illustres amis, Cabanis, Destutt de Tracy, Stapfer, Lainé, j'ai été vivement frappé de l'importance que le grand psychologue français donnait à l'art pédagogique, considéré comme l'application des principes de la psychologie. Comme M. H. Spencer il professe

cette opinion que la pédagogie ne sera vraiment une science
que le jour où nous posséderons une psychologie vraiment
rationnelle. Or, cette science définitive de l'âme humaine,
Biran croyait l'avoir fondée et ne se trompait pas ; de plus,
il en voyait une sorte d'application anticipée, d'épreuve
avant la lettre, dans la pédagogie de Pestalozzi ; aussi deman-
de-t-il à tous ses amis : « Connaissez-vous Pestalozzi ? »
à peu près comme La Fontaine demandait : « Avez-vous lu
Baruch ? » Dès lors, le magistral chapitre du traité des
Fondements de la psychologie, où Biran oppose ses idées
d'éducation à celles de Condillac et les rapproche de celles de
Rousseau et de Pestalozzi, n'apparaît plus comme isolé dans
son œuvre, comme un incident ou une préoccupation passagère : c'est le résultat concentré de longues et profondes
méditations sur un sujet qui lui tenait fort à cœur et dont il
s'occupa toute sa vie.

Rien, au surplus, de moins chimérique en matière d'éducation que ce métaphysicien administrateur, sous-préfet de
Bergerac, député au Corps législatif, questeur de la Chambre:
c'est un psychologue doublé d'un homme politique. Si la
psychologie de l'effort et de la volonté répugnait à l'action,
ce serait, il faut l'avouer, une flagrante contradiction. Il
ne se dissimule pas que la psychologie pure aurait peu de
chances de devenir populaire et d'exercer la moindre influence sur les choses humaines. Elle exige de ses adeptes
de trop grands sacrifices, puisqu'elle les force à opter entre
le « monde extérieur » qui les attire et les captive, et le
« monde intérieur » qui les offusque et les rebute. C'est,
dit-il encore, un pays désert, inculte, aride, que les voyageurs sont peu curieux de visiter. Il vint même un jour où
il se demanda avec quelque anxiété « si l'habitude de s'occu-

per *spéculativement* de ce qui se passe en soi-même, en mal comme en bien, ne serait pas *immorale* ». La raison qu'il découvre à ses scrupules ne manque pas de finesse : la scène changeante du théâtre intérieur ressemble en effet à celle de l'histoire ; les actions et les évolutions des personnages sont si attachantes, le spectacle si amusant pour qui sait voir et regarder, les péripéties si émouvantes, qu'on oublie de juger et qu'on serait bien fâché de rien changer, quand même on le pourrait, à ce dramatique tissu d'événements qui composent notre vie intérieure. Une curiosité toujours en éveil tourne à l'indulgence, finit par tout comprendre et tout absoudre, et rend sceptique. « L'instruction *spéculative* tirée du vice même familiarise avec sa laideur. Il ne faut pas croire que tout soit dit quand l'amour-propre est satisfait d'une observation fine ou d'une découverte profonde dans son intérieur. » Biran est donc bien éloigné de cette espèce de quiétisme psychologique qu'on lui attribue généralement. Comme Diogène prouvait le mouvement en marchant, il veut que la psychologie prouve sa légitimité et ses titres scientifiques en agissant. Voilà pourquoi, administrateur, il fondera des écoles, et, psychologue, il cherchera une base solide à la science de l'éducation.

Il se demande même si la psychologie pure ne manque pas d'un caractère scientifique essentiel, si elle n'est pas invérifiable et surtout incommunicable par le langage. A vrai dire, on ne l'apprend pas, on ne l'enseigne pas : on la refait quand on en est capable. Répéter de vaines formules, de vagues définitions, des descriptions plus ou moins ingénieuses et exactes, est-ce étudier la psychologie et, selon le précepte antique, apprendre à se connaître? Il me semble entendre un perroquet répéter, au lieu du traditionnel :

« As-tu déjeuné ? » l'axiome cartésien : « Je pense, donc je suis ! » Heureusement il y a une psychologie plus concrète et plus pratique, qui se révèle non par des mots mais par des actes, et qui est l'âme de l'éducation où elle règne, dit Biran, « comme une divinité cachée qui gouverne ou dirige tout sans se montrer ».

Cette psychologie, parfois invisible, toujours présente, est celle qu'on trouve dans l'*Émile*. Qu'est-ce que la pédagogie dans le sens élevé du mot ? Une psychologie en action. Aussi Biran est-il plein d'admiration pour J.-J. Rousseau : « Que j'aime à voir, dit-il, la psychologie ou le vrai système de la génération de nos facultés, mises, pour ainsi dire, en action, non dans une statue, mais dans l'enfant qui s'élève, par des progrès réguliers, des premières idées sensibles aux notions intellectuelles ! » Comment donc se fait-il que les idées de Biran sur l'éducation aient à peu près passé inaperçues, alors que visiblement l'éducation est une de ses préoccupations habituelles et dominantes et qu'il traite le problème pédagogique, comme tous ceux qu'il se propose, avec une extrême profondeur ? J'en trouve deux raisons principales. La première, c'est que M. Taine a déclaré que chacune de ses phrases demandait à être traduite en français et que V. Cousin, fort imprudemment, l'a appelé *métaphysicien ;* en réalité il faut bien avouer que c'est un Malebranche moins le style. La deuxième, c'est que les premiers éditeurs, les Cousin et les Naville, durent courir au plus pressé et faire connaître le système avant d'en signaler les applications, alors surtout que les questions pédagogiques n'avaient pas, comme aujourd'hui, le privilège de passionner le public. On comprend maintenant pourquoi le nom de Biran n'a pas figuré jusqu'ici parmi ceux des théoriciens de l'éducation et pourquoi le savant auteur de l'*Histoire des doctrines de l'éducation en France*, M. Compayré, a complètement omis le nom de Biran et ne lui a pas même emprunté une seule ligne en écrivant ces deux volumes devenus classiques. Il y a donc une lacune à combler, une injustice à réparer ; mieux encore, il y a un très haut et très fécond enseignement, rempli d'idées neuves et originales, à recueillir et à faire fructifier.

I

Tout d'abord, les lettres inédites vont nous faire connaître, sur la vie et le développement intellectuel de Biran, deux faits qui ne sont pas sans importance. Il étudia longtemps les mathématiques et les approfondit beaucoup plus qu'on ne le croit généralement. Il eut longtemps le désir d'entrer dans l'enseignement comme professeur de mathématiques, puis le projet de changer d'aministration et de devenir recteur de l'Université. C'est même, à ce qu'il semble, comme mathématicien qu'il se fit d'abord connaître à Cabanis, et son ami l'encouragea constamment à persévérer dans la voie qu'il paraissait avoir choisie. Il écrivit en 1803, à la prière de Cabanis, un mémoire sur les rapports de l'idéologie et des mathématiques. Je relève, dans une lettre de Cabanis, datée de 1806, l'indication suivante : « Il est surtout un de vo travaux auxquel j'attache un intérêt particulier, c'est votre réforme de la langue géométrique. » Il revient à la charge l'année suivante et avec plus d'insistance encore : « Je ne cesserai de vous répéter que le travail sur la métaphysique et la langue de la géométrie et du calcul serait aujourd'hui le plus utile de tous ceux que vous êtes si capable d'exécuter, je vous y raménerai en toute occasion. » Ce conseil réitéré du médecin psychologue est assez piquant et rappelle, toute proportion gardée, le jugement de Corneille déclarant que Racine avait un grand talent pour la poésie, mais qu'il n'en avait point pour la tragédie. Biran, selon sa coutume, s'étudia lui-même, pesa le pour et le contre et décida finalement qu'il n'avait pas une *tête à calcul*. La raison qu'il en donne mérite d'être rappelée. Dès 1794 il écrit dans son *Journal intime* : « L'étude des mathématiques m'a pris bien du temps, j'ai conçu beaucoup de choses dans cette science, mais je n'ai pas une tête à calcul et ma santé est trop faible pour supporter l'extrême contention qu'exige cette étude. » Celui qui, dès l'enfance, s'étonnait « de se sentir exister » et se sentait porté comme par un irrésistible instinct à se « regarder en dedans », avait évidemment une vocation psychologique dont rien ne pouvait le distraire.

Cabanis d'ailleurs ne s'y trompa point complètement et discerna avec une rare clairvoyance le tempérament physiologique et intellectuel de son ami. Voici une *consultation* précieuse : « Mon excellent camarade, parlons d'abord de votre santé. Vous avez le même catarrhe que jeunes et vieux, forts et faibles ont eu cet hiver (1802) dans presque toute l'Europe ; mais la nature vous a donné une organisation mobile et délicate, principe de ces impressions fines et multipliées qui brillent dans vos ouvrages, et l'habitude de la méditation, dont elles vous font un besoin, ajoute encore à cette excessive sensibilité. Ainsi, chez vous, comme chez toutes les personnes organisées de la même manière, les crises sont tumultueuses, et incomplètes ; toute maladie lente et muqueuse se termine mal en pareil cas. Que vous faut-il ? des remèdes ?

Non. Il vous faut de l'exercice, de la distraction, si vous pouvez en trouver, le grand air, suspension de tout grand travail de tête; et peut être, sur le tout, quelques verres d'eau de... répartis dans le courant de la journée vous feraient-ils quelque bien, mais aucun remède actif. » Cette ordonnance du médecin de Mirabeau est bonne à conserver pour les gens de lettres : je regrette de ne pouvoir leur dire quelle eau il faut boire, le mot étant illisible, mais un médecin le restituerait sans doute aisément, et, s'il doutait de la nécessité de joindre la psychologie à la médecine, le témoignage même de Cabanis et les détails qui précèdent pourraient le convaincre. S'il est quelqu'un qui soit ondoyant et plus divers que l'homme, c'est la femme et c'est surtout le psychologue. Dix-huit ans plus tard, Biran semble regretter de ne s'être pas voué entièrement à l'étude des mathématiques; il constate que sa vie se décolore, que son imagination s'éteint et il pense que ces tristes effets de l'âge ne se feraient point encore sentir « s'il s'était moins laissé aller, dans sa jeunesse, aux mouvements spontanés de l'imagination et de la sensibilité ». Il ajoute, non sans mélancolie, que les hommes qui s'adonnent aux sciences « ont une jeunesse moins brillante, mais une vieillesse plus ferme, plus vigoureuse et plus heureuse ». Cabanis avait donc raison comme médecin. Voilà un argument fort inattendu en faveur des études presque exclusivement scientifiques préconisées par Spencer et Bain : en nous vieillissant avant l'âge, l'étude des sciences retarderait la vieillesse et allongerait la vie!

« J'erre comme un somnambule dans le monde des affaires », écrivait Biran à une époque où il avait été déjà sous-préfet, député et questeur. Il se croyait né pour autre chose que l'administration et la politique et, comme la médi-

dation solitaire ne lui semblait pas propre à remplir complètement une vie humaine, il avait rêvé d'être professeur ou
recteur. Nous en avons la preuve dans une lettre de Cabanis
qui porte la date de 1803 : « Votre ami Vanhulten aurait
voulu que vous demandassiez la chaire de mathématiques de
Versailles; il n'y a pas de doute que les inspecteurs de l'instruction publique ne soient très disposés à vous proposer pour
quelque place, mais nous voudrions que cela ne fût pas trop
loin de Paris : nous avons besoin de conserver l'espérance de
vous y voir. » Il avait donc entretenu son ami de son projet,
en lui demandant sans doute son appui. Quel fut l'obstacle,
nous l'ignorons; mais cet insuccès ne rebuta pas Biran, et
nous le retrouvons, en 1808, candidat pour une place de
recteur dans l'Université récemment fondée. La partie inédite[1] des lettres d'Ampère nous apprend ce détail qu'aucun
biographe n'a signalé. C'est Ampère, en effet, trop naïf et
trop distrait pour être un bon solliciteur, qui est chargé de
voir le chancelier et le grand maitre de l'Université : « J'ai
remis avant-hier vos deux lettres à M. le chancelier; ce
n'est pas sans peine que je suis parvenu jusqu'à lui…; il m'a
paru on ne peut mieux disposé pour vous et porté à faire
tout ce qui pourra dépendre de lui auprès du grand-maitre.
Il m'a chargé de vous l'écrire avec beaucoup de marques
d'un vif intérêt pour vous et tous les éloges que vous mé-
ritez. » Au ton de confiance et de triomphe qui règne dans
cette lettre, on s'aperçoit qu'Ampère ne sait pas encore ce
que c'est qu'eau bénite de cour. Quelques semaines plus
tard, il faut en rabattre et décidément Biran ne sera jamais

---

[1] Toutes les citations de Cabanis, également inédites, sont extraites
du Recueil mentionné plus haut.

recteur : « Je vais commencer, mon cher ami, par répondre
aux questions étrangères à la psychologie, dans la crainte
d'oublier d'y répondre si je m'y livrais une fois. L'espoir
que j'avais conçu pour vous, je l'ai presque perdu depuis
que l'Empereur a décidé qu'on choisirait exclusivement les
recteurs parmi les professeurs ou proviseurs en fonction
avant l'établissement de l'Université... Revenons maintenant
à notre science chérie. » On le voit : c'est parce que Biran
ne fut pas professeur en 1803 qu'en 1808 il ne put être
recteur.

Rien ne prouve d'ailleurs qu'à cette époque le sous-préfet
de Bergerac, le membre ou peut-être le président de la
loge maçonnique de la *Fidélité*, l'ami et le correspondant
des idéologues, fût en faveur auprès du gouvernement impérial. « C'est à l'idéologie, disait Napoléon Ier, à cette téné-
breuse métaphysique qui, en recherchant avec subtilité les
causes premières, veut sur ses bases fonder la législation des
peuples, c'est à l'idéologie qu'il faut attribuer tous les mal-
heurs de la France ! » On pouvait aisément pressentir, dans
cet idéologue le futur signataire de l'adresse Lainé. Quoi
qu'il en soit, Biran avait toutes les qualités qui eussent fait
un excellent recteur.

Voici le portrait qu'en trace J.-J. Ampère : « Sa figure
était franche et douce; sa tournure, celle d'un homme du
monde; et je connais des gens qui l'ont beaucoup vu, sans
se douter qu'ils avaient affaire à un métaphysicien. Du reste,
cette enveloppe frêle, cet esprit délicat étaient associés à
une âme virile; il fut un des cinq membres du Corps législatif qui, les premiers, firent entendre à l'empereur une
plainte de la France, dans des termes d'une modération
que les circonstances rendaient courageuse, au sein de cette

commission dans laquelle il représentait la philosophie, comme Raynouard la poésie et M. Lainé l'éloquence..., commission qui avait la première parlé dans une époque muette, tandis qu'un certain nombre de libéraux des années suivantes se taisaient ou criaient tout autre chose que : *Vive la liberté !* Celui qui avait découvert le principe de la personnalité humaine dans son activité libre, revendiquait alors les droits de la liberté nationale, et, pour employer le langage de la métaphysique, ceux de la personnalité française[1]. » Biran garda toutes ses sympathies aux professeurs et à l'Université ; si nous ouvrons les volumes poudreux du *Moniteur universel*, nous trouvons qu'il les défendit chaleureusement en 1816, en pleine Chambre introuvable, en demandant en leur faveur une exception à la loi contre le cumul. Il parle avec une profonde estime de « ces salariés exceptionnels dont la fortune ne fut jamais ni le premier aiguillon, ni la fin, ni la récompense, et qui font pourtant l'honneur de l'espèce, la gloire et l'avantage du pays où ils ont pris naissance... professeurs, savants de premier ordre, occupés à agrandir le domaine des sciences et à multiplier sans cesse les conquêtes de l'homme sur la nature ». Un de ses collègues, Michaud, appuya la motion du *chevalier de Biran* et déclara, non sans esprit, qu'il fallait imiter la nature qui permet à certains hommes de cumuler les talents. Mais un *ultra* qui avait l'oreille de la Chambre, Puymaurin, se fit le héraut de sa haine de l'Université et raconta qu'un roi avait un jour donné une abbaye à son poëte favori : à partir de ce moment, plus d'odes, de stances, ni de poèmes ; comme le roi s'en plaignait au poëte, celui-ci répondit :

---

[1] *Philosophie des deux Ampère*, introd., pp. 23 et 66.

« Quand la poule est trop grasse, elle ne pond plus! » Cette
saillie fut trouvée charmante et la motion du chevalier de
Biran eut l'honneur d'être écartée par la question préalable
à une énorme majorité[1]!

II

Arago dit plaisamment du grand Ampère qu'il était né
pour ne pas être professeur. Biran avait certainement le goût
et peut-être la vocation de l'enseignement : à Bergerac, il
fonda une société médicale et une école pestalozzienne gratuite, dirigée par un disciple de Pestalozzi, Barraud, qu'il
fit venir tout exprès d'Yverdun. C'est un curieux épisode de
l'introduction en France de la méthode du plus célèbre péda-
gogue de notre siècle. On sait que Pestalozzi avait voulu
profiter d'un voyage qu'il fit à Paris pour répandre ses idées
et que Bonaparte refusa même de le voir en disant qu'il
avait autre chose à faire que de discuter des questions d'*a b c*,
Talleyrand répondit dédaigneusement à ses ouvertures sur
l'éducation populaire : « C'est trop pour le peuple! » Il y

---

[1] Il y a des idées assez différentes et un autre aspect de Biran comme
homme politique. Il a fait dans le *Journal intime*, à la date du 18 novembre 1817 et sous le titre de *Discussion politique*, l'examen d'un
projet de loi sur l'instruction publique : « L'instruction doit-elle être
exclusivement dans les mains du Gouvernement, ou faut-il la livrer
aux entreprises des particuliers comme tout autre profession ou objet
d'industrie, en se bornant à exiger de ceux qui la donnent certaines
conditions ou garanties pour la société et le gouvernement? Voilà
la grande question ». Biran ne se range pas à l'avis « non désin-
téressé des membres de l'Université » et soutient qu'il faut « suivre
l'opinion » tout en déclarant que l'opinion du temps est «vers une
éducation religieuse dirigée par des prêtres. »

avait un sous-préfet qui ne pensait ni comme Bonaparte ni comme Talleyrand, et si tous les sous-préfets lui ressemblaient et déployaient la même activité, la République, à coup sûr, ne songerait jamais à les supprimer. Il noua donc des relations par correspondance avec Pestalozzi : ses lettres sont probablement perdues, mais nous en avons une inédite de Stapffer (20 août 1807) qui nous donne de précieux renseignements sur cette négociation qui fut, paraît-il, assez laborieuse : « Je suis aussi affligé qu'étonné du délai que Pestalozzi apporte à sa réponse. Il se pourrait bien que le retard vînt de la difficulté de ce choix. Les instituteurs sont presque tous les Allemands et peut-être ne lui est-il pas aisé de déterminer ceux d'entre eux qui savent le français assez bien pour s'en servir dans l'enseignement et s'expatrier. » La même lettre nous apprend que l'essai de Bergerac ne fut pas le premier tenté en France. On avait déjà essayé d'introduire la méthode dans un orphelinat de Paris et, sur la demande de l'administrateur, Pestalozzi avait envoyé « un certain Neef, homme de mérite, mais brusque et impatient, qui n'a pas été goûté et qui a fini par suivre l'ambassadeur des États-Unis en Amérique où il réussit fort bien. » Du reste, on est, à cette époque, en pleine ferveur pestalozzienne : « La méthode nouvelle, dit Stapffer, occupe les esprits et les plumes. On peut dès à présent former une bibliothèque des écrits qu'elle a fait naître. » Stapffer nous apprend encore qu'il a songé à traduire les livres du maître et se vante d'avoir des droits à son amitié, car c'est lui qui, « pendant qu'il était ministre des arts et sciences de la République helvétique, lui a fourni les moyens de faire l'épreuve de ses théories sur l'éducation ». Avouons même qu'à cette époque l'estime de Biran pour la méthode pestalozzienne est poussée jusqu'à l'engouement. Dans un discours sur Gall et les localisations cérébrales, prononcé en 1808 à la Société médicale, il dit, après avoir fait l'éloge de l'analyse idéologique : « Aussi voyons-nous le chef d'une institution célèbre en Allemagne et dont les effets bienfaisants sont arrivés jusqu'à nous, Pestalozzi, commencer le développement des facultés d'instruction et de raison de l'enfance, par l'analyse descriptive de l'objet le plus près de nous et aussi le plus intéressant à connaître: le corps humain. C'est en apprenant à distinguer et à nommer toutes les parties extérieures et, avant tout, les organes séparés des sensations, que Pestalozzi donne à ses jeunes élèves les premières habitudes d'analyse et d'observation qui forment le caractère éminent de sa méthode. » M. H. Spencer trouve qu'il y a quelque puérilité à apprendre longuement, et non sans pédanterie, aux enfants, ce qu'ils apprendront si aisément tout seuls, et Dussault avait déjà dit à ce propos : « Pestalozzi se donne beaucoup de mal pour apprendre aux enfants qu'ils ont le nez au milieu de la figure. »

Tous les correspondants de Biran ne partagent pas cet enthousiasme pour Pestalozzi. Destutt de Tracy lui avoue qu'il soupçonne la nouvelle méthode de n'être pas encore « bien débrouillée » dans la tête de son auteur. Il entrevoit, dit-il, qu'il a là une idée fondamentale importante; mais il est d'avis que cette méthode ne donnera tout ce qu'elle promet que « pour l'instruction de ceux qui sont condamnés à n'en avoir qu'une très bornée ». Veut-on aller plus loin et devenir un vrai savant ou même simplement un homme instruit, il est porté à croire qu'elle devient inutile et peut-être nuisible: « J'attendrai l'éclaircissement de mon doute des travaux du seul de ses coopérateurs qui soit vraiment

savant ; il s'appelle, je crois, Moralt[1]. » Ces doutes n'ébran-
lèrent pas Biran : l'école fut fondée et prospéra, mais un
enseignement laïque, gratuit, populaire, ne saurait s'établir
sans se heurter à son obstacle habituel, le clergé. Destutt de
Tracy parle, dans une autre lettre, des « cancans » de certain grand vicaire de Périgueux fort hostile à l'école nouvelle : « J'ai bien peur, ajoute-t-il, que ce ne soit un chat
qu'on vous jette aux jambes. Les prêtres sont bien jaloux de
ce qu'ils ne font pas eux-mêmes ; » et il ajoute avec une
nuance d'orgueil naïf : « Je crois que c'est en partie pour
cela qu'ils détestent toute la nouvelle logique. » Voici, à ce
qu'il semble, les considérations qui avaient particulièrement
frappé notre philosophe dans son appréciation de la nouvelle
méthode : 1° il y voyait un excellent emploi de l'analyse et
de l'instruction habilement combinées ; 2° il lui trouvait le
grand avantage de maintenir l'équilibre de nos facultés tout
en assurant la prédominance de l'activité propre de l'esprit ;
3° il était séduit par les intentions « nobles et philanthro-
piques » de l'inventeur, préoccupé surtout de rendre « meilleure et plus éclairée la classe pauvre et industrieuse » ;
4° le reproche qu'on lui fait d'émousser la sensibilité, de
refréner l'imagination est plutôt un éloge, car ces facultés
n'ont que trop de tendance à se donner carrière, surtout chez
l'enfant, et la grande tâche de l'éducation est précisément
de « reconnaître celles dont dépend le perfectionnement
intellectuel et qu'il importe de cultiver et de développer les
premières ».

[1] Lettre du 7 août et du 5 novembre 1807, du Recueil inédit cité
plus haut. Le *Mémoire de Biran sur la doctrine de Gall*, dont la
citation précédente est extraite, d'un opuscule publié dans notre volume d'inédits de Biran intitulé : *Science et psychologie*.

Pour en finir sur les rapports de Pestalozzi et de Biran, rappelons que la seule fois que celui-ci franchit la frontière française, ce fut en 1802 pour faire un petit voyage en Suisse et rendre visite « au bon Pestalozzi qui le reçut comme un ancien ami et s'attendrit en lui parlant de son institut ». Cependant la décadence de l'institut n'échappa pas à la clairvoyance du visiteur. L'entretien roula, cela va sans dire, sur la théorie et la pratique de l'éducation : les deux philosophes firent même le projet de fonder un *Journal d'éducation* qui serait traduit en français en même temps qu'il paraîtrait en allemand. « Nous nous sommes embrassés et promis souvenir et correspondance, » ajoute Biran. Il regrette beaucoup que l'institut de Pestalozzi ne soit pas fondu avec celui de Fellenberg à qui il consacre cette note très élogieuse : « Deux extrêmes : les hommes abstraits qui se perdent dans l'idéal ; les hommes tout pratiques qui s'égarent dans les détails. M. de Fellenberg m'offre presque la réalisation de mon idéal. » Il juge au contraire avec sévérité l'*alter ego* de Pestalozzi, Schmidt, « à qui il s'est abandonné et qu'il regarde comme un homme admirable, d'un mérite supérieur au sien. Je n'ai pas été prévenu pour M. Schmidt que je ne crois que *fin*. »

Descartes voulait qu'au lieu de cette philosophie spéculative qu'on enseignait de son temps dans les écoles, on enseignât une philosophie pratique qui nous rendît « maîtres et possesseurs de la nature ». Au lieu de philosophie, écrivez phychologie, et mettez au lieu de la nature nos propres facultés, vous aurez précisément le programme pédagogique de Biran. Voyons comment il veut qu'on le remplisse, et passons aux préceptes et aux détails.

III

Un excellent moyen de comprendre en quoi Biran ressemble aux éducateurs de son temps et en quoi il en diffère, c'est de recueillir les jugements qu'il porte sur Condillac et J.-J. Rousseau, qu'il considère comme les plus illustres et les véritables chefs d'école en pédagogie. Chose curieuse, même à l'époque où il suit Condillac en psychologie, il s'en sépare en pédagogie, de sorte qu'il semble que ce soit l'insuffisance pratique du condillacisme qui l'ait averti tout d'abord de son insuffisance théorique. Confondre l'attention avec la sensation, c'est absorber l'homme dans la nature, c'est en faire un *automate spirituel* alors qu'il doit avoir la noble ambition d'être un *empire dans un empire*, pour emprunter à Spinoza non sa doctrine, mais ses fortes expressions.

Cela répugne à la nature délicate de Biran qui ne se sent déjà que trop de tendances naturelles à vivre de la vie universelle, sans lutter contre ses impressions changeantes : il veut que la volonté résiste à la sensation, s'affirme elle-même et étende son empire sur tout le reste. Dans le *Traité de l'habitude,* il nous donne une saisissante image de l'homme-statue, disons mieux, de l'homme-machine rêvé par Condillac : un idiot, dit-il, passait sa vie à compter les heures à la pendule de sa chambre; la pendule s'arrêta, mais on remarqua avec étonnement que l'idiot continuait à compter les heures en nombre et à intervalles parfaitement exacts. Elles sonnaient pour ainsi dire dans sa tête. Voilà l'idéal, à

ce qu'il semble, de l'éducation machinale par la sensation.
L'homme devient un mécanisme monté par la nature : la
mémoire n'est plus qu'une empreinte des choses sur la cire
molle de l'esprit ; la science ainsi produite passivement n'est
plus, pour ainsi dire, que de l'esprit éteint et cristallisé. Que
les nécessités de l'industrie transforment certains hommes
en « automates aveugles » en vertu du principe brutal de la
division du travail, c'est déjà très malheureux ; mais faire
de cet état de déchéance intellectuelle le but de l'éducation,
quel aveuglement ! Biran se défie tellement des habitudes
mécaniques, qu'il déclare, avec une exagération significative, qu'il eût été à désirer, pour le développement intellectuel de la plupart d'entre nous, que nous fussions nés sourds
et muets et restés tels jusqu'à l'âge de raison : « Nous n'aurions pas connu le joug des habitudes mécaniques de la mémoire, ni cette triple enceinte de termes vides de sens qu'il
nous a été ensuite si pénible de franchir ». Dès l'époque du
Traité de l'habitude, il oppose Rousseau à Condillac en
matière d'éducation : « On ne saurait trop déplorer que la
sublime raison de ce philosophe n'ait pas eu encore, sur
l'esprit de ceux qui dirigent l'instruction publique, le même
ascendant qu'eut, dans le temps, sa pathétique éloquence sur
les cœurs des mères de famille. » Plus tard il saura mieux
pourquoi il se sépare de Condillac et en quoi consistent ces
divergences et ces oppositions, mais il ne s'en séparera pas
plus radicalement ; c'est impossible. Il a vu tout d'abord que
le système de la sensation transformée tend à étouffer l'esprit sous une véritable pléthore de sensations médiocrement
élaborées et à créer ce qu'il appelle le *tempérament athlétique,* le pire de tous, non seulement au physique comme
l'avaient observé Hippocrate et Galien, mais surtout au

moral, car il ne donne d'accroissement à l'esprit qu'en apparence, « en surface et en bouffissure ». Tel de nos programmes n'est-il pas aujourd'hui un déplorable encouragement au tempérament athlétique ?

Ce qu'il reproche encore à Condillac, ce n'est pas seulement d'étouffer l'activité de l'esprit sous la passivité des sensations et des signes conventionnels du langage, c'est encore de faire de l'homme un être purement *sensible* (on sait quelle fut, au XVIIIᵉ siècle, la fortune de ce mot) et par conséquent incapable de juger ses sensations et à plus forte raison de leur résister : « Que devient alors un ordre de facultés qui consistent précisément à agir contre l'impulsion des sens et des besoins ? Où est dans ce système la place d'une attention active, supérieure aux sensations, qui les dirige ? Où est celle d'une réflexion qui les juge et s'en sépare ? » Rendre l'enfant passif comme le miroir qui reflète tout ce qu'on lui présente et lui présenter successivement tous les objets qui peuvent occuper une intelligence humaine, ce plan peut paraître séduisant, mais il est en réalité détestable. « On connaît tous les soins que prennent depuis plusieurs années (l'*Essai sur les fondements de la psychologie* paraît être de 1812) les auteurs de certaines méthodes prétendues appropriées à l'instruction de la première enfance, pour écarter les épines et exciter *ce qu'ils appellent l'attention* par des images, des figures, des cartes coloriées, des jeux, etc. Tout cela est très conséquent à la doctrine de la sensation transformée ; reste à savoir si ces moyens ne seront pas plus propres à paralyser qu'à développer *les facultés vraiment actives* de l'intelligence. » Biran prend même Condillac à partie sur l'éducation du duc de Parme : s'il eût été conséquent avec ses principes, il n'eût fait de son élève « qu'une statue animée et sentante ». En fit-il autre chose ? Biran est trop poli et trop aristocrate pour se poser cette question, qui d'ailleurs ne ferait pas faire un seul pas à la discussion, car, si l'on peut juger de Fénelon par l'éducation du duc de Bourgogne, il serait injuste de juger de Bossuet par celle du Dauphin. Il remarque avec soin que Condillac, dans son cours d'études, fut forcé de se contredire lui-même et que, pressé par le bon sens, qui ne perd jamais ses droits, il corrigea un excès par un autre excès : d'une statue purement sentante il s'efforça de faire un profond métaphysicien sans songer à éveiller la vraie réflexion. « Il est vrai qu'il allie avec cette culture précoce de la réflexion celle bien plus intempestive encore de la sensibilité et de l'imagination, car il fait lire les tragédies de Racine à un enfant de sept à huit ans, trop heureux à son âge de n'y rien comprendre ! » En deux mots, la passivité absolue de l'esprit, la sensation substituée à l'attention et à l'effort, un système abstrait et factice d'idéologie remplaçant la réflexion personnelle ou le repliement de l'esprit sur lui-même, excès qu'on croit corriger et qu'en réalité on aggrave par d'autres excès, telles sont les critiques aussi justes qu'impitoyables que fait Biran au condillacisme en pédagogie.

Il lui semble trouver un allié naturel dans J.-J. Rousseau contre le sensualisme régnant : tout en donnant beaucoup à la sensibilité et aux instincts, le philosophe de Genève revendique avec éloquence les droits primordiaux de l'esprit et de l'activité libre.

Il est aussi fougueux et passionné que Biran est délicat et raffiné ; l'un et l'autre veulent affranchir l'individu de la tyrannie du milieu ambiant, de la nature qui l'absorbe et de la société qui l'asservit. Jamais peut-être Rousseau, con-

sidéré comme théoricien de l'éducation, n'a reçu un plus
magnifique éloge et mieux motivé que celui-ci : « Son im-
mortel ouvrage sur l'éducation pourrait être considéré
comme une sorte de psychologie pratique, dans tout ce qui
concerne l'ordre successif du développement de nos facultés
intellectuelles et morales. Voyez l'importance qu'il attache
à mûrir peu à peu ces facultés avant de leur donner l'essor.
Comme il soigne de bonne heure la culture du jugement et
de l'attention ! Comme il subordonne l'exercice même des
sens externes à l'activité de l'esprit ! Quelles sages précau-
tions il emploie pour éloigner le développement trop précoce
de l'imagination ! Comme il sait tout préparer avant la naissance spontanée des passions pour qu'elles apprennent à
obéir et ne puissent jamais commander ! Comme il préserve
sagement la mémoire des habitudes mécaniques et des mots
vides d'idées ! Comme il veut que son exercice soit dirigé
par la réflexion et jamais ne la précède ! Comme il éloigne
toute science qui enfle et amollit l'esprit au lieu de le nourrir
et de le fortifier ! » Tous ces éloges sont-ils également mé-
rités ? on peut en douter, mais il n'est pas douteux que Biran
ait résumé dans cette page les traits essentiels de sa théorie
personnelle de l'éducation. Ce qu'on admire si vivement
chez autrui, c'est souvent ce qu'on retrouve ou ce qu'on
croit voir en soi-même. Il est certain aussi qu'en matière
d'éducation la précision des mots est extrêmement rare et
que Condillac, Rousseau, Biran, s'entendent parfaitement
quand il s'agit de la culture de l'attention, de la mémoire, du
jugement et de la réflexion ; mais quelles profondes différences dans le sens de ces mots que l'on croit pourtant si
bien connaître ! Ce sont ces différences qui nous restent à
déterminer : il en est de leur définition comme de certains

instruments de mesures précises et délicates, la moindre erreur au centre se traduit à la circonférence par des écarts énormes et fausse tous les résultats comme si elle était multipliée par un nombre infini.

IV

On sait que les *leçons de choses* sont fort en faveur aujourd'hui, mais on ne sait pas assez le temps qu'elles font perdre et les mécomptes qu'elles ménagent aux instituteurs. On compte trop sur la sensation : on semble partir de ce faux principe de Condillac que l'attention n'est que la sensation dominante et exclusive. Il n'en est rien : si une sensation exclut toutes les autres à un moment donné, c'est uniquement par un effort d'attention, à moins que cette sensation ne soit si forte qu'elle exclue même le sentiment de notre existence propre et nous rende *aliéné* d'avec nous-mêmes. Dans ce cas, qui est celui de la syncope et de l'évanouissement, on conviendra qu'une telle sensation est peu instructive. Biran a vu le premier, et avec une rare profondeur, qu'une sensation est d'autant plus *représentative*, en d'autres termes qu'elle nous instruit d'autant mieux sur l'objet extérieur qui la produit, qu'elle est moins *affective*, c'est-à-dire qu'elle nous cause un plaisir ou une douleur moindres. M. H. Spencer signale aussi cet abus qui consiste à faire *voir* au lieu de faire *regarder*, à confondre *entendre* et *écouter*, *toucher* et *palper :* « Il n'est pas un manuel de leçons de choses, dit-il, qui ne contienne une énumération des faits qu'il faudra *signaler* à l'enfant au sujet de chaque chose nouvelle qu'on lui présente... *Dire* les choses à l'enfant et puis les lui *montrer* ce n'est pas lui apprendre à les observer, c'est faire de lui un simple réceptacle des observations d'autrui, c'est affaiblir plutôt que fortifier sa disposition à s'instruire spontanément, c'est le frustrer du plaisir de la difficulté vaincue. » Que faut-il donc faire? Provoquer l'attention et par suite l'effort personnel; laisser chercher, deviner, trouver, sans oublier jamais que, s'il y a grand plaisir à prendre le lièvre, il y a plaisir plus grand encore à le courir. Vous croyez aider l'enfant et au fond vous agissez en égoïstes et en aveugles : vous lui volez son plaisir, vous faites comme un homme qui vous inviterait à une promenade dans une campagne ravissante et vous ferait parcourir des sites pittoresques en voiture fermée, un guide et une carte étalés sur vos genoux. Quand Biran sentait faiblir son attention et s'apercevait qu'il vivait sur son passé et parlait « plus d'après sa mémoire que d'après sa réflexion », il était épouvanté, croyait devenir machine, ce qui est toujours triste, fût-ce une excellente machine intellectuelle, et se gourmandait lui-même : « J'assiste à une véritable rétrogradation de mes facultés intellectuelles, » disait-il; ou bien encore : « Me voilà devenu excentrique! » Que d'esprits chassés de leur centre et pour ainsi dire désorbités par cette science purement « livresque », extérieure, dont parle Montaigne! « Viande creuse », disaient nos pères; « psittacisme », disait Leibniz, et il ajoutait que ce psittacisme consiste à se nourrir de la paille des mots que l'on prend pour le grain des choses! Cela nourrit, mais ne fortifie pas. Les leçons de choses deviennent promptement des leçons de mots : les longues énumérations bercent doucement l'esprit

pendant que la vue des objets étalés sous les yeux l'hypno-
tise et l'endort. Éveillez l'esprit qui dort, au lieu de vous
contenter de lui suggérer des rêves et des visions.

On préconise à bon droit la culture de la mémoire : c'est
une de nos plus précieuses facultés, bien qu'habituellement
ceux qui sont doués d'une bonne mémoire s'en vengent par
en médire, comme Montaigne se vengeait de la jeunesse qu'il
n'avait plus et Malebranche de l'imagination qui le dominait
trop. Mais de quelle mémoire parle t-on? Il y en a deux :
l'une, toute passive, purement organique et qui n'est, comme
on l'a dit, qu'une sorte de phosphorescence cérébrale.
Celle-là est encombrante ; elle entasse comme l'avare, sans
grand souci de l'usage, du bel arrangement, ni même des
toiles d'araignées qui s'épanouiront dans cet encombrement.
Une telle mémoire n'est que la sensation continuée ; une
porte ouverte aux choses du dehors qui vont envahir notre
intérieur comme une sorte de carrefour banal où la cohue
de la foule passe ou s'arrête. Heureusement il y en a une
autre qui consiste dans la trace de nos efforts personnels, les
vestiges durables de chacune de nos démarches intellectuelles. J'agirai même prudemment si je fais en sorte de ne
me souvenir, selon le mot de Royer-Collard, que de moi-
même. Le langage usuel distingue parfaitement ces deux
mémoires, l'une passive, l'autre active, car on dit parfois
je me rappelle et parfois *il me souvient*. Apprendre, c'est
plus que retenir, c'est s'assimiler, c'est prononcer une sorte de
fiat intérieur qui crée la lumière et les objets, c'est s'identifier avec la science et la faire passer dans sa propre substance. Nul ne peut prononcer pour vous ce *fiat* tout-puis-
sant, ni opérer, par un coup de baguette magique, cette
métamorphose. « Ce que le *moi* a mis du sien dans une

impression reçue peut seul revivre en lui sous forme de réminiscence ou de souvenir, » dit Biran. Le reste est hors de lui et constitue un machinisme extérieur et matériel que beaucoup prennent pour la mémoire et qui est en réalité l'oubli : Platon disait avec profondeur que le fleuve du Léthé c'est le corps. Il arrive parfois que cette seconde mémoire sollicite la première, l'aiguillonne et l'excite comme l'homme qui s'éveille secoue la torpeur et l'inertie des membres encore endormis. Ampère expliquait ce fait en disant que « nous nous ressouvenons d'un effort d'attention et que nous en avons oublié l'objet ». Quand l'objet se présente de lui-même et que le ressouvenir de l'effort d'attention est aboli, c'est alors l'obsession : dans bien des cas, nous nous contentons de donner à nos élèves non une science solide, mais de simples obsessions mnémoniques. Où il n'y a rien le roi perd ses droits, dit un vieux proverbe : où il n'y a pas d'effort intellectuel et d'attention la mémoire véritable ne saurait naître, mais le cerveau peut devenir encore un excellent kaléidoscope, un riche magasin de clichés photographiques.

Ampère, d'accord avec son ami, voulait qu'on s'efforçât, au contraire, de donner à l'enfant le « tact du vrai », l'habitude de découvrir lui-même les rapports des idées : « L'instant où une science est parvenue à ce point de perfection où il n'y a plus qu'à étudier ce qui a été fait, remarquait-il, est l'instant de sa décadence ; dès qu'il ne s'agit plus que d'appliquer des formules toutes faites, on est tenté de les employer sans les comprendre ; on devient bientôt semblable aux marins qui se servent des procédés de calcul découverts par les grands astronomes ; on est exposé à perdre insensiblement l'habitude de raisonner, pour la remplacer par une routine aveugle, et à oublier les théories mêmes sur lesquelles elle repose, ce qui détruit toute espérance de progrès ultérieurs[1]. » Il déplore l'abus qu'on fait des signes qui nous déchargent du soin de penser en remplaçant la pensée par des combinaisons mécaniques de mots ou de signes. Ce triage des idées que fait si soigneusement le maître pour ne présenter à l'élève que des vérités, lui semble une précaution qui peut devenir excessive et dangereuse : « N'offrez jamais que des vérités à votre élève et il n'apprendra jamais à les distinguer de l'erreur; il ne sentira point au premier faux raisonnement qu'il entendra en quoi consiste sa fausseté ; il sera infailliblement dupe de celui qu'on lui présentera sous les formes auxquelles il est accoutumé. Ce n'est qu'en analysant des raisonnements spécieux, en discutant des opinions dénuées de fondement que l'on acquiert ce tact du vrai qui distingue si éminemment certains hommes. » Il ne faut pas non plus faciliter outre mesure la tâche de l'élève en ne lui offrant que des rapports faciles à saisir, c'est-à-dire en rétablissant avec trop de soin tous les intermédiaires du raisonnement : c'est évidemment la route la plus courte, mais il s'agit moins en éducation « de faire adopter des déductions déjà faites que de rendre l'esprit capable d'en faire de nouvelles. » La méthode d'enseignement n'est pas si opposée qu'on le croit à la méthode de découverte : il y a un juste milieu qui n'est pas aisé à fixer, car si vous accoutumez votre élève à ne saisir des rapports qu'entre les idées qui se touchent, comment serait-il tenté de chercher des rapports nouveaux, éloignés, inattendus? Et pourtant c'est le propre de la fécondité scientifique et c'est aussi la caractéristique du talent et du génie : vous décrétez donc que votre

[1] Mémoire de l'an V.

élève n'aura jamais ni talent ni génie ou plus simplement, qu'il sera frappé de stérilité et presque de cécité scientifique. « Autant il aura été étonnant à huit ans, autant il sera borné à trente. » Euler disait avec raison qu'il n'y a pas de « routes royales » en mathématiques : vous faites de la science une promenade monotone sur un grand chemin; c'est une erreur de méthode semblable à celle qui condamne nos lycéens à se promener deux à deux en longues files sur les chemins poudreux, triste gymnastique qui ne développe ni les forces ni l'adresse; nous réclamons avec Ampère et Biran plus d'initiative, plus d'efforts; laissez quelquefois votre élève prendre les chemins de traverse et les sentiers escarpés.

Avant tout, il faut apprendre à l'enfant son « métier d'homme », dit Biran; la principale fonction à laquelle sa destinée le convie, c'est de bien juger pour bien agir. Déjà les logiciens de Port-Royal disaient qu'il fallait se servir des sciences pour perfectionner sa raison plus encore que de sa raison pour acquérir les sciences. Il y a là une nuance de dédain pour la culture scientifique qu'on ne retrouve pas chez Biran, mais, à part cette nuance, il est du même avis. Il regrette que nous n'ayons pas un véritable et sûr *psychomètre* (il emprunte cette expression à Bonnet) pour mesurer non la science acquise, mais la santé et la vigueur de l'esprit. La science acquise ne mesure pas plus la vigueur intellectuelle que le poids exact du corps n'indique la force musculaire. Si Biran était devenu recteur, j'imagine qu'il eût donné aux examinateurs de son ressort académique les instructions suivantes : Mesurez, autant que possible, non les connaissances emmagasinées, mais les facultés vraiment actives, spontanées, personnelles. En science comme en morale, les stoïciens ont raison de distinguer des choses qui ne dépendent pas de nous et nous viennent du dehors pour nous rester à jamais étrangères, et des choses qui dépendent de nous parce qu'elles sont devenues la substance ou la création même de l'esprit : les premières ne sont ni des biens ni des maux ; elles sont *indifférentes* et l'esprit n'a rien à gagner à leur possession. Ne perdez jamais de vue l'ingénieuse comparaison stoïcienne : l'opinion, c'est la main ouverte qui laisse tout échapper ; la science, c'est la main fermée, et la science vraiment philosophique, c'est la main fermée, fortement serrée par l'autre main. Il n'y a de science que celle qui est saisie, appréhendée par les prises d'un jugement solide et l'énergie d'un esprit vigoureux. Il faut avouer que si ce *psychomètre* était mis en usage, les candidats trembleraient, et peut-être arriverait-il parfois que les premiers seraient les derniers et que les derniers seraient les premiers ! Qu'ils se rassurent : il est encore plus difficile de prendre la mesure d'une âme que la mesure d'un crâne. « Rien n'est plus commun ni plus funeste, dit Biran, que cette erreur qui fait qu'on attache une importance exclusive au nombre des connaissances et des idées qui peuvent s'introduire dans l'esprit d'une manière quelconque. Il faudrait tenir compte de la manière dont ces idées ont pu être acquises, de l'influence que cette acquisition peut avoir sur le perfectionnement même des facultés qui sont les instruments de la connaissance, ou plutôt sur celui de l'homme intellectuel et moral, tout entier. » Il est trop bon cartésien pour négliger l'art si précieux et si rare de suspendre son jugement : pour Condillac le jugement n'est que la comparaison en quelque sorte mécanique ou plutôt la juxtaposition des idées ; pour Biran le jugement est l'homme même, puisqu'il est « un exercice de cette liberté sans

laquelle l'homme, incapable de science et de vertu, n'est pas
même une personne ». Il sait toute la puissance de l'association des idées sur les opérations de l'esprit et sur les
sentiments de l'âme, et veut que l'éducateur sache les tourner
au profit de l'enfant et de l'homme fait en établissant par
exemple « l'association ou l'alliance naturelle entre notre
devoir et notre bonheur ». Mais l'association est une sorte
de jugement extérieur, étranger, fatal ou tout au moins for-
tuit ; elle est l'analogue de cette mémoire mécanique que
nous avons décrite, et non moins dangereuse qu'elle. Elle
constitue la solidarité naturelle et sociale des hommes et
cette solidarité est trop souvent une complicité. Le jugement crée les seules associations qui soient sans danger et
il les crée lentement ; bien plus, il établit la véritable solidarité sociale qui n'est pas un pur instinct comme la sociabilité chez l'animal, mais une sorte de lien spirituel fortifié
par l'habitude de bien juger et l'art de suspendre son jugement pour ne se rendre « qu'à l'évidence ou aux motifs raisonnés de croyance ». Le jugement est donc le principal
instrument de la morale comme de la science : « Les habitudes d'inattention et de légèreté contribuent à engendrer
une multitude de vices. C'est à elles qu'il faut rapporter
même, en grande partie, la dureté apparente du cœur, les
passions personnelles et antisociales. Si, plus maîtres de
notre attention, nous savions l'arrêter sur les maux d'autrui,
combien nous frissonnerions à la seule idée d'en être les
causes ! comme nous sentirions mieux le besoin de les sou-
lager ou de les prévenir ! Ainsi pourrait se développer une
sensibilité vraiment morale, savoir, celle qui nait de l'exercice même de nos facultés actives et de nos jugements, au
lieu de les former ou d'en être le principe. »

Ici nous touchons au cœur même du système pédagogique de Biran. La pédagogie n'est pas seulement l'application et surtout la vérification de la psychologie, elle est une morale parce que la science est, comme l'action, l'œuvre de la liberté. Instruire, c'est moraliser. Beaucoup doutent encore de la vérité de ce principe : pour Biran, il est plus clair que le jour, et la science qui n'agit pas n'est jamais une science sincère et véritable. Rien n'est capable de rendre l'instituteur pessimiste et de le décourager comme un doute ou une hésitation sur ce point fondamental. Biran ne doute ni n'hésite : Platon disait que nul n'est méchant volontairement, que la vertu et la science sont identiques et qu'il suffit de connaître le bien pour le pratiquer infailliblement. Il voulait dire par là, que l'homme, quoi qu'il fasse, poursuit toujours le bonheur ou son propre bien : si donc on lui démontrait que *son* bien se confond avec *le* bien absolu, comment serait-il tenté de faillir et de tomber dans une contradiction manifeste en affirmant au même instant le pour et le contre? Il faudrait encore, il est vrai, que cette haute démonstration de l'identité de notre bien personnel avec le bien absolu fût perpétuellement présente à l'esprit; le péché, c'est l'oubli, la distraction, l'aliénation. Biran est entièrement platonicien sur ce point essentiel : seulement, tandis que Platon confondait la science et l'action en niant le libre arbitre, dérivant ainsi la volonté de l'intelligence, Biran dérive au contraire l'intelligence de la volonté et met la liberté jusque dans la science ou du moins dans la production de la science dans l'esprit. Il faudrait donc modifier un peu la formule précédente et dire : *s'instruire, c'est se-moraliser*. La science vulgaire et livresque n'est pas, sans doute, immorale; mais elle est, qu'on nous passe le mot, *amorale*, étrangère à la moralité. La moralité commence par l'attention, se forme par le jugement, s'entretient par la mémoire intellectuelle qui n'est que le souvenir de nous-mêmes et la conservation du perfectionnement acquis, et s'achève par la réflexion qui est le dernier terme de la péda-gogie et le but le plus élevé de la vie humaine. Qu'est-ce donc que la réflexion ? Le souvenir ou la trace de nos opéra-tions, selon Condillac, c'est-à-dire rien ou peu de chose; ce qui crée ces opérations ou du moins les rend possibles, selon Biran, c'est-à-dire tout ou presque tout : se saisir soi-même intérieurement comme force active et libre, voilà son rôle ; mais, dans ce monde intérieur comme dans la nature extérieure, il y a des ombres et de la lumière, des apparences trom-peuses et des réalités. La plus grande et la plus commune illusion des hommes consiste à transporter hors de soi, par une sorte d'illusion ou d'hallucination de la conscience ce qu'on porte en soi-même : de là par exemple le pessimisme dont la racine est en nous-mêmes, dans nos dispositions internes, et qui nous pousse à attribuer à des causes exté-rieures, à une nature qui nous paraît une marâtre ou aux hommes qui nous semblent des persécuteurs, nos tristesses et nos désespoirs. Cette forme nouvelle et systématique de la misanthropie est une maladie contagieuse et mortelle; l'obser-vation intérieure nous réconcilie avec l'humanité et produit un effet d'apaisement et de calme qui nous met en harmonie avec nos semblables. « Nous ne calculons pas les mouvements des passions, l'impulsion du caractère et du tempérament; de là une présomption qui nous perd. Appliquant aussi cette fausse échelle aux autres hommes, nous accordons trop de confiance à la raison spéculative en négligeant de faire la part des pas-sions et du caractère. » En un mot nous prévoyons les ob-stacles qui viennent du dehors et nous ne tenons aucun compte

de ceux qui viennent de nous-mêmes : de là cette tendance
à la misanthropie et au pessimisme que développe l'éducation
moderne en négligeant la réflexion personnelle. Voici comment Biran définit cette réflexion moralisatrice et éducatrice
dont l'oubli est peut-être le plus grand tort de la pédagogie contemporaine trop exclusivement appliquée à l'étude du
dehors : « L'habitude de l'observation intérieure ne diffère
pas de l'habitude de la bonne foi et du désintéressement, dans
les questions de tout ordre que l'esprit aborde, non pour faire
parade de sa sagacité ou de sa force, mais pour connaître ce
qui est vrai. Et comme l'exercice de la réflexion ou de la
culture habituelle du sens interne inspire à l'homme l'obliga-
tion d'être juste, c'est-à-dire bien ordonné dans ses rapports
avec lui-même ou avec ce qui l'entoure, réciproquement l'habitude des vertus, le contentement, la paix d'une conscience
élevée et pure, tout ce qui peut enfin rendre l'homme ami de
lui-même, le porte à la réflexion et lui fait un besoin d'entre-
tenir une communication intime et habituelle avec ses idées,
ses sentiments et ses souvenirs, et de s'instruire à la grande
école de la conscience, qui ne trompe point. » La plus noble
mission de la pédagogie est donc de réconcilier la science et la
conscience, la pensée et l'action dans la réflexion personnelle
qui est la racine et le tronc d'où elles émergent. Fichte, le
héros du moi, le grand instituteur de la nation allemande
avait certainement conscience de cette puissance morale de
l'effort personnel quand il faisait de Pestalozzi ce bel et juste
éloge : « C'est de l'institut de Pestalozzi que j'attends la régénération de la nation allemande. » C'est aussi de la pédagogie
biranienne que nous attendons la régénération de la patrie
française. Elle produira des hommes ; toute autre méthode ne
nous donnera qu'une poussière humaine.

V

Si la pédagogie de l'effort est à la fois une morale et une psychologie, comment faut-il la définir? Elle est, dit Ampère, la science « des moyens les plus propres à former le caractère de l'élève à l'armer contre le malheur et les passions, et enfin à faire de lui un homme à la fois éclairé et vertueux [1] ». Cette science est fort complexe et le grand classificateur, complétant ainsi la pensée de son ami, va nous esquisser le plan d'une sorte d'encyclopédie pédagogique fort importante à méditer. Ce sera le résumé de cette étude.

En premier lieu, dit-il, il faut étudier les moyens qui ont été employés ou qui le sont encore pour l'instruction et l'éducation des enfants ou des jeunes gens. Ampère y ajoute les hommes faits, car il est persuadé que la meilleure éducation est celle qu'on se donne à soi-même et qu'elle dure toute la vie. Cette histoire des doctrines de l'éducation fort négligée de son temps et que le nôtre fort heureusement a mis en honneur, il l'appelle *pédiographie* : c'est l'observation pure et simple, une sorte de vaste enquête sur les procédés employés à toutes les époques pour former des hommes. Elle nous apprendra entre autres vérités que Montesquieu a eu raison d'écrire que « c'est dans le gouvernement républicain que

---

[1] *Essai sur la philosophie des sciences*, t. II, p. 69. Ampère la nomme *pédagogique* et non *pédagogie*, parce que, dit-il, παιδαγωγία ne signifie pas cette science, mais l'éducation elle-même, t. I, préface, p. 15.

l'on a besoin de toute la puissance de l'éducation ».
M. G. Compayré a eu le mérite de populariser parmi nous
ces sortes de recherches.

Mais cette observation ne pénètre pas encore au fond des
choses et ne nous fait connaitre que la surface. Il est une
seconde partie de la science qui nous révèle ce que l'observation immédiate est impuissante à nous faire connaitre et qu'on
ne peut découvrir qu'à force de recherches, le caractère de
l'élève, ses goûts, ses passions, les divers degrés d'aptitude
qu'il a pour les différents genres d'instruction. A aucune
époque on n'a entièrement négligé ces recherches, mais
à aucune époque on n'a attaché une importance suffisante à
cette psychologie de l'enfant qui est peut-être une des plus
belles conquêtes de notre philosophie contemporaine. Ici
encore Ampère a devancé son temps et tracé d'une main sûre
le cadre des recherches futures. Nous avons heureusement
parmi nous des hommes ingénieux qui n'ont pas cru que la
psychologie infantile fût une psychologie puérile. Ils ne savent
peut-être pas qu'Ampère avait nommé la science qu'ils ont
fondée *idioristique*, voulant indiquer par ce mot qu'elle a pour
mission de nous faire connaitre les qualités propres de l'élève,
ses tendances dominantes, sa tournure d'esprit, on dirait
volontiers son coefficient personnel. M. Bernard Pérez s'est
fait un beau nom en s'attachant à cette science nouvelle.

Ce n'est pas tout : il ne faut pas se contenter de l'étude
comparée du *sujet*, il faut étudier comparativement l'*objet*
de l'éducation, singulièrement multiple depuis que les sciences
se sont pour ainsi dire morcelées à l'infini. « Il faut donc comparer tous les objets d'instruction possibles, tous les groupes
de vérités qui constituent les sciences..... reconnaitre le
point où chaque science en est arrivée, prévoir les progrès

qu'on peut espérer et déterminer quelles méthodes doivent
être suivies, soit pour l'enseignement, soit pour la recherche
de nouvelles vérités. » Supprimez en effet cette troisième
partie de la pédagogie qu'Ampère nomme *mathésionomie* et
vous donnerez fatalement une importance égale à des études
qui sont loin d'avoir le même degré de nécessité ; vous entas-
serez au hasard les connaissances et vous étoufferez l'esprit
sous une montagne de matériaux qu'il ne saura pas mettre en
œuvre. Nul n'a mieux senti la nécessité de cette nouvelle
recherche que M. Spencer [1] et c'est peut être l'idée la plus
profonde de son livre : il faut choisir, il faut opter ou se rési-
gner à n'avoir au sortir du collège qu'une ignorance encyclopédique. Nous étreignons mal parce que nous embrassons
trop : un membre de l'Institut redouterait d'être interrogé
sur notre programme du baccalauréat et même du brevet
supérieur ; il n'échouerait peut-être pas, mais à coup sûr il
ne serait pas reçu avec toutes boules blanches ! Que l'on songe
que le *trivium* et le *quadrivium* d'autrefois ont formé, si
nous en croyons la classification d'Ampère cent soixante-huit
sciences. Quel nouveau Pic de la Mirandole oserait se vanter
aujourd'hui de répondre *de omni re scibili ?*

Vient enfin la *théorie de l'éducation* proprement dite :
elle a pour objet « d'examiner les effets des divers genres
d'éducation et toutes les circonstances qui peuvent en modifier les résultats ; quels sont, par exemple, les avantages et les
inconvénients respectifs de l'instruction publique et privée,
de l'éducation sévère ou trop indulgente ? Faut-il laisser les
enfants libres dans le choix des études qui leur plaisent, ou
faut-il leur imposer chaque jour une tâche et user de con-

[1] V. notre traduction, chap. 1.

trainte pour les obliger à la remplir? » Ce ne sont plus ici
des questions d'histoire ou de pure théorie : il faut pour les
résoudre avoir, comme on dit, mis la main à la pâte. Aussi
ne pouvons-nous pas aisément nommer les représentants de
cette science : ce sont tous nos instituteurs et tous les pères
de famille. Malheureusement on résout ces questions sans les
approfondir suffisamment : presque toujours le hasard des
circonstances les résout pour nous. H. Spencer a écrit d'admirables pages sur ce sujet : nous n'apprenons pas à remplir
notre futur rôle de pères et de mères de familles ; nos cours
d'études semblent faits pour des hommes qui naîtraient orphe-
lins et mourraient célibataires : « Que de parents, dit-il,
entreprennent la tâche si difficile d'élever leurs enfants sans
avoir jamais songé aux principes qui doivent diriger l'éducation physique, intellectuelle et morale, et la présomption
des pères et le danger des enfants ne nous fait éprouver ni
surprise ni colère ! » Ce n'est pourtant pas une mince besogne
que de donner aux enfants comme dit Ampère « le tact du
vrai » et leur apprendre selon le mot de Biran leur « métier
d'hommes ».

CHAPITRE VI

LES RELATIONS, THÉORIE MÉTAPHYSIQUE D'AMPÈRE

L'inventeur du télégraphe crut avoir découvert le fil invi sible, le mystérieux intermédiaire qui nous apporte des nouvelles du monde supérieur et des êtres véritables. Tous ses travaux scientifiques lui paraissaient peu de chose devan ses conceptions métaphysiques : « La métaphysique, disait-il, est la seule science vraiment importante. » Il voyait surtout dans les sciences un moyen de perfectionner la raison : « A quoi sert le monde ? à donner des pensées aux esprits ». Parmi ceux qui se servent aujourd'hui du télégraphe et qui sans doute renverseraient volontiers la formule d'Ampère et diraient : « A quoi sert l'esprit ? à calculer nos intérêts et à servir nos appétits », qui donc se préoccupe encore de la théorie des relations qu'il regardait comme son œuvre fondamentale ? J'ai bien peur que nos contemporains ne consentent à voir dans les spéculations du grand physicien à la fois pratique et mystique comme les Lyonnais ses compatriotes, qu'une construction dans les nuages, Newton commentant l'Apocalypse. Les « spécialités dispensives » auxquelles Auguste

Comte lançait l'anathème nous ont rétréci l'esprit : nous barricadons le savant dans son laboratoire et nous le rivons à ses formules. Un jury de savants accorderait encore à un Descartes et à un Leibniz le bénéfice des circonstances atténuantes pour leurs délits métaphysiques parce qu'un siècle ou deux ont créé une sorte de prescription, mais il serait à coup sûr impitoyable pour Ampère.

Quant à nos métaphysiciens, ils ne sont guère aujourd'hui que les historiographes des systèmes et ils ne s'intéressent qu'à ceux qui ont un nom et qui ont fait du bruit : ceux-là, ils les reconstruisent avec une habileté surprenante ; ils ne s'en jouent pas, mais ils en jouent avec une virtuosité qui finit par devenir inquiétante. Ils les dégagent et les restaurent avec la même habileté qu'un Viollet-le-Duc une cathédrale gothique ; c'est de l'archéologie. Voulez-vous habiter une maison moyen âge, renaissance ou pompéienne : dix architectes se chargent de satisfaire votre fantaisie et feront plus vrai que l'histoire. Vous plaît-il de vous loger dans l'idéalisme ou le criticisme : dix philosophes les repenseront en votre faveur et plus profondément que ceux qui les ont inventés. Seulement, les antiquités d'hier n'attirent guère les archéologues et nos métaphysiciens méritent un peu l'épigramme que La Bruyère adressait aux moralistes de son temps : « Si l'on ôte de beaucoup d'ouvrages de morale l'avertissement au lecteur, l'épître dédicatoire, la préface, la table, les approbations, il reste à peine assez de pages pour mériter le nom de livre ». Si l'on ôte des ouvrages de ceux qui font métier de sauver tous les jours la métaphysique et la traitent un peu comme un médecin qui ne nourrirait son malade que de remèdes, l'apologie obligée de la métaphysique, l'exposition détaillée des doctrines adverses, les citations et les références, les injures qui animent le style, les ironies qui réveillent l'attention, il reste à peine assez de vérité pour mériter le nom de science. Une profession de foi, voilà le plus souvent à quoi se réduit la science de nos Platon et de nos Aristote. La théorie des Relations est peut-être l'avant-dernier système de métaphysique qui ait honoré la France et il y a autour d'elle comme une conspiration du silence et de l'oubli.

Deux lettres surtout que nous désignerons par les noms de lettre de Sisteron (17 juillet 1810) et de lettre d'Avignon (9 août 1810) vont nous aider à reconstituer la théorie des Relations. On raconte que Pascal écrivait sur ses ongles en mystérieux caractères les idées qui lui venaient à l'esprit pendant ses promenades solitaires et rentrait au logis, comme l'abeille à la ruche, chargé de butin. Ainsi faisait Ampère au témoignage d'Arago pendant ses tournées d'inspection générale : il revenait toujours à Paris avec un bagage d'inventions et de vérités nouvelles. C'était ensuite son habitude ou, si l'on veut, son innocente manie, de désigner ses découvertes par leur lieu d'origine. « Un seul mot vrai ou faux prononcé devant lui, dit Arago, le jetait souvent dans des routes inconnues, qu'il explorait avec une étonnante perspicacité, sans tenir alors aucun compte de son entourage. C'est ainsi que d'année en année la théorie d'Avignon, la démonstration de Grenoble, la proposition de Marseille, le théorème de Montpellier venaient enrichir ses cours publics de l'École polytechnique et du Collège de France. » On nous permettra donc d'employer à son exemple les expressions de lettres de Sisteron et d'Avignon, d'autant plus que c'est en voyage, semble-t-il, que la théorie des rapports entrevue et à demi formulée à Paris lui apparut avec une irrésistible évidence comme le seul moyen de lutter contre l'idéalisme et le criticisme et de couronner le système dont Biran avait jeté les bases. Il mérite qu'on lui applique les paroles d'un biographe de Pascal : « Son esprit toujours vif, toujours agissant, était d'une étendue, d'une élévation, d'une fermeté, d'une pénétration et d'une netteté au-delà de ce qu'on peut imaginer. » Quant aux critiques de Biran, elles sont consignées dans des minutes ou projets de lettres qui marquent son plus grand effort pour transformer en métaphysique sa psychologie. Elles sont également inédites et malheureusement non datées, mais il est hors de doute qu'elles furent écrites à peu près à la même époque : rois tous les deux dans le monde de la pensée, Ampère et Biran, la physique et la psychologie, échangeaient alors des notes diplomatiques, mais ils n'avaient pas d'ambassadeurs accrédités et le modeste facteur de la poste ne se doutait guère qu'il portait dans son sac la métaphysique et sa fortune !

II

Kant faisait un aveu précieux à recueillir : si l'on parvenait à démontrer la réalité substantielle de l'être pensant, cette démonstration serait l'écueil où viendraient se briser tous les efforts de la philosophie critique ; car, disait-il, « de cette manière nous aurions fait un pas hors du monde des sens, nous serions entrés dans le monde des noumènes et désormais personne ne nous contesterait le droit d'y faire de nouveaux progrès, de nous y établir et d'y acquérir des

possessions,... cette conséquence mettrait à néant la critique
entière et nous ramènerait forcément à la vieille métaphysique [1]. » Ce premier pas décisif hors du monde des sens, Biran l'avait fait par sa théorie de l'effort : cérébral et attentionnel, comme Ampère inclinait à le croire; ou bien musculaire
et moteur, comme Biran préférerait le définir, l'effort allait
devenir le pivot d'une métaphysique. Sans doute l'effort n'est
pas l'âme substance, mais comme nous ne pouvons être dans
l'absolu et aux yeux de Dieu autres que nous ne sommes
pour nous-mêmes et aux yeux de la conscience, Ampère et
Biran déclarent que si notre connaissance de l'âme est loin
d'être adéquate à son sujet, du moins est-elle réelle et non
purement logique ou formelle, tant que dure et se maintient
l'acte de l'effort et l'énergie du vouloir. Pour décider que
toutes nos connaissances portent sur des phénomènes et non
sur des êtres véritables, Kant avait été obligé de donner au
mot phénomène deux acceptions fort différentes : le phénomène est un fait d'expérience qui se manifeste aux sens dans
la perception, et il est aussi l'apparition dans une conscience
d'un objet quelconque, fût-il la *chose en soi* ou l'*absolu.*
C'était fermer toute issue à l'esprit et lui interdire à jamais de
sortir du phénomène : Dieu lui-même, s'il se connaît, ne connaît
pas l'être, car il n'est alors à ses propres yeux que le phénomène de lui-même. Ce n'est donc que par une inconséquence que Kant pose la réalité de l'être ou du noumène :
il aboutit fatalement à la triple thèse de Gorgias : l'être n'est
pas, ne peut pas se connaître, ne peut pas s'exprimer. Biran
semble aussi bloqué dans son *moi;* il n'en sort qu'en surajou-

---

[1] *Critique de la raison pure, Dialectique transcendantale* (liv. II,
chap. 1er).

tant la croyance à la science, en se laissant ravir par le mysticisme qui est le fond de sa nature jusqu'à Dieu, principe et lieu des âmes, océan, dit Leibniz, dont nous n'avons reçu que quelques gouttes. Le monde extérieur devient ce qu'il peut : l'ensemble des « qualités premières » de la matière, s'il plait à Lock, un « noumène inconnaissable », si Kant le préfère, l'objet d'un « préjugé légitime » ou d'une « perception immédiate », si Reid a raison. Ampère veut un monde extérieur plus solide et plus substantiel : le savant se révolte à l'idée de jouer le rôle du cocher dont parle Scarron, qui, tenant l'ombre d'une brosse, en frottait l'ombre d'un carosse. Il faut que des lois de Képler gouvernent non des apparences mais des réalités, sinon, elles seront elles-mêmes illusoires, apparences d'apparences. Locke ne nous prouve pas la réalité des qualités premières et se contente de les affirmer; Kant ne maintient les noumènes que par un artifice précaire et au profit de la morale; Reid ne nous offre qu'une solution puérile et Biran lui-même qui ne fait que donner une forme savante au perceptionisme, ne nous propose qu'un système « exposé à toutes les objectures qui pulvérisent celui de Reid [1] ». Il y a bien la suprême ressource de « l'intuition intellectuelle » de Cousin et de Shelling, mais ce n'est là que l'énoncé même du problème transformé en solution par un déplorable artifice de langage, et Biran n'hésite pas à déclarer « très illusoire » cette opinion de « célèbres métaphysiciens ».

Tous ces échecs viennent de deux causes : les métaphysiciens ont ignoré le rôle merveilleux des nombres et des formes, c'est-à-dire des relations dans l'intelligence humaine

_____

[1] *Phil. des deux Ampère*, p. 398.

et ils n'ont pas eu le courage d'avouer que Dieu et l'âme ne sont que des hypothèses explicatives. Démontrer la nécessité invincible de ces hypothèses « s'attacher à prouver qu'elles sont pour nous le type de la vérité », c'est l'objet même de la métaphysique. La position prise par Ampère est donc très audacieuse : c'est presque le « beau risque à courir » de Platon ou le célèbre pari « croix ou pile » de Pascal. Rassurons-nous cependant : Ampère va mettre toutes les sciences humaines au service de ces hautes vérités et gagnera son pari, le nôtre et celui du genre humain.

Si nous négligeons les faits de sensibilité qui ne sauraient rien nous apprendre pour nous attacher exclusivement aux faits intellectuels ou de connaissance, nous distinguerons dans l'intelligence, dit Ampère, un *système cognitif primitif* qui consiste dans la connaissance du moi par la conscience de l'effort et un *système cognitif dérivé* qui résulte de la faculté d'apercevoir des rapports. Mais il y a deux sortes de rapports bien différents les uns des autres : une idée générale est obtenue par un travail de l'esprit qui compare les objets particuliers et élimine les caractères individuels pour ne retenir que les caractères communs ; les classifications sont fondées sur la perception de ces rapports qui dérivent à la fois de la nature des objets et des conditions de notre organisation. Le bleu ou le rouge, l'animal et le mammifère, l'Européen et le Français, voilà des exemples de telles idées : changez notre organisation physiologique ou modifiez les lois subjectives de notre esprit tout l'appareil de nos classifications et tout le système de nos idées générales se trouve modifié du même coup. Les idées générales sont immanentes aux objets : l'esprit ne les sépare que par un procédé artificiel d'abstraction et jamais elles n'ont cette existence sé-

parée et substantielle que Platon attribuait à ses *Idées*.
Il n'en est pas de même de ces notions de nombre et
de forme : changez la structure de l'œil, les rouges et les
bleus ne seront plus les mêmes rouges ni les mêmes bleus,
mais la forme du cube et le nombre des doigts de la main
ne seront pas changés. Voici un oranger : si vous arrêtez
votre esprit et votre regard sur trois oranges, vous pourrez
ensuite substituer aux trois fruits trois feuilles, puis trois
branches sans que ce nombre trois soit en rien modifié ou
altéré. Les nombres n'ont donc en eux-mêmes rien de phénoménal par rapport aux objets et rien de subjectif par
rapport à l'esprit, bien qu'ils soient perçus dans les phénomènes, réalisés par les objets et conçus par l'esprit : ne
pourraient-ils pas dès lors nous servir de médiateurs pour
passer de ce qui pense et de ce qui passe à ce qui est? Il y aurait une absurdité manifeste à transporter dans les noumènes
nos idées générales frappées irrémédiablement de ce double
caractère de phénoménalité et de subjectivité; il n'y aurait
pas d'impossibilité évidente à attribuer aux noumènes et
cette « dignité de causalité » qui nous contraint à les affirmer
hors de nous, mais ne nous renseigne en rien sur leur nature
intime, et des rapports de grandeur et des rapports numériques. Ce n'est qu'une hypothèse, mais il suffit pour le
moment qu'elle ne soit pas impossible ou absurde *a priori*.

Ce Kant, dont on peut dire comme le poète de Napoléon :
« Lui toujours ! Lui partout ! » tant il domine la philosophie
du siècle en conquérant et peut-être en usurpateur et en
tyran ne pourra plus nous arrêter dès le début : d'une part
il reconnaît lui-même, quoique arbitrairement, l'existence
des noumènes ; d'autre part nous nous engageons d'avance à
n'introduire dans ces noumènes absolument rien de subjectif

et de phénoménal. Mais ce premier point est de telle importance qu'il faut laisser la parole à Ampère lui-même ; empruntons donc à la lettre d'Avignon un curieux dialogue qui n'a certes pas les grâces de Platon, mais que Platon peut-être n'eût pas désavoué. Ampère va reconstruire sous nos yeux l'échelle de Jacob, non pas mystique mais scientifique, qui joindra la terre au ciel et dont nous pourrons compter les échelons en nous assurant progressivement de leur solidité :

« Posons en principe : 1º il est absurde *a priori* et sous tous les points de vue d'attribuer aux *noumènes* comme *noumènes* des idées sensibles ou images comme propriétés qui soient en eux. Cela est admis par tout le monde. 2º A chaque sorte de modifications que nous font éprouver les êtres hors de nous, nous devons attribuer à ces êtres autant de propriétés, causes inconnues de ces modifications. Cela est bien et vrai, mais nous laisse dans une grande ignorance de leur nature intime, puisque jusque-là nous ne pouvons affirmer de cette nature intime que ces causalités inconnues. Ce sont bien des *idées de relation* puisqu'on peut les affirmer des noumènes sans contradiction, mais ce sont les plus obscures de toutes, j'entends par là les moins *adéquates*.

« Nous admettons tous deux qu'on peut et qu'on doit affirmer des noumènes des *relations de causalité*. Nous sentons tous deux l'absurdité manifeste de leur attribuer des propriétés sensibles ou images. Reste à savoir si l'on peut en affirmer d'autres *relations* que des *relations de causalité*. C'est là ce que j'appelais tout à l'heure le grand *desideratum* de la philosophie, question dont vous verrez mieux l'importance en comparant les deux manières de voir de ces deux interlocuteurs :

« B. La relation de causalité est la seule qu'on puisse affirmer des noumènes, et de même qu'on dit à l'égard de l'*idée sensible* ou *image* que nous avons du *rouge* qu'il n'y a rien dans l'écarlate qui y ressemble, mais seulement une cause inconnue qui nous modifie en rouge, on doit dire à l'égard de l'*idée de relation* que nous exprimons par le mot *cinq* qu'il n'y a rien dans la main qui y ressemble, mais que la totalité de cette main étant une monade unique et indivisible, il y a en elle une cause inconnue qui nous modifie en *cinq*. De même pour ce groupe d'*idées de relations* dont se compose ce que nous appelons la *forme cubique*, on doit dire qu'un dé à jouer n'a comme *noumène* rien de semblable, mais qu'il y a dans cette monade une cause inconnue qui nous modifie en *forme cubique*.

« A. Mon opinion est au contraire qu'outre les *relations de causalité*, les premières que nous reconnaissons dans les *noumènes*, il y en a d'autres telles que celles de nombre et de forme, qui y sont réellement, indépendamment de nous et avant que nous existassions. Autrement il faut dire avec un métaphysicien qui pensait comme vous que le système nerveux d'un homme qu'on dissèque après sa mort est son âme, monade simple et indivisible, mais dans laquelle est une cause inconnue qui nous modifie en *forme* de filets très multipliés, partant d'un tronc commun, forme qui n'est qu'une simple apparence.

« B. Cette opinion peut se soutenir.

« A. Les idées de nombre sont-elles nos propres modifications, ou des relations existantes réellement dans les *noumènes* indépendamment de nous?

« B. Elles sont en nous de même que nos autres *idées* et les *images*.

« A. Il est absurde de dire que le rouge est dans l'écarlate ; il n'y a dans le *noumène* que la cause qui nous modifie en *rouge*. Il est faux de dire dans le premier sens que l'écarlate est rouge, on doit dire que l'écarlate est *cause du rouge ;* il sera donc faux de dire dans le premier sens : la main a cinq doigts, il faut dire : il y a dans la main une cause inconnue qui nous donne cette image de cinq doigts. La main pourrait, pour un autre être sentant, être une monade inétendue et indivisible, de même que l'écarlate pourrait être verte pour une autre organisation.

« B. J'admets assez cela.

« A. Si les idées de nombre ne peuvent pas plus s'attribuer aux *noumènes* en eux-mêmes que des couleurs ou des sons, il est contradictoire de dire qu'ils sont réellement en tel ou tel nombre : il faut nécessairement qu'il n'y ait que moi et l'univers, tout simple, indivisible, qui me modifie en nombre de même qu'en couleur ou en son.

« B. Je passerais condamnation sur les relations numériques. Je serais porté à les admettre réellement dans les noumènes, mais non celles de forme, et je trouve plus simple de regarder un cube comme une monade, une cause simple et indivisible qui nous modifie en *forme cubique*, comme une goutte d'essence nous modifie, par exemple, en odeur de rose.

« A. Nous y reviendrons et je vous prouverai le contraire. Il me suffit d'avoir obtenu qu'il n'y a pas seulement dans la main une cause inconnue, *noumène* unique qui nous modifie en *cinq*, mais qu'il y a là *cinq noumènes* différents. Dès lors, vous admettez qu'on peut affirmer des *noumènes* en eux mêmes d'autres *idées de relation* que celle de la *relation* de *causalité*.

« B. Mais, en admettant cela, à quoi reconnaîtrai-je les idées que je puis sans contradiction manifeste, sans absurdité évidente, *a priori*, affirmer des noumènes, puisque je ne puis rien connaître immédiatement des *noumènes* qui ne soit une de mes modifications et qui ne puisse, par conséquent, leur être attribuée réellement et en eux-mêmes ?

« A. Des relations dont vous avez acquis l'*idée* en comparant des sensations ou autres *modifications subjectives*, mais que vous assurez être *indépendantes* de la nature des objets comparés.

« B. Qu'entendez-vous par des *modifications subjectives* ?

« A. J'entends des modifications qui seraient autres si le sujet qui les reçoit était différemment organisé.

« B. Est-ce là le sens que Kant donne à ce mot ?

« A. Je l'ai compris ainsi, mais je n'en sais rien ; cela ne fait rien à la question ; j'emploierai un autre mot quand vous voudrez.

« B. Qu'entendez-vous par une *relation indépendante* des objets comparés ?

« A. J'entends une *relation* qui reste la même identiquement, quelque changement qu'éprouvent ces termes. Que trois couleurs soient changées en trois sons, l'idée de relation *trois* restera identiquement la même.

« B. N'en est il pas de même des autres idées générales ?

« A. Non certes. Que mon œil organisé autrement voie diverses nuances de vert où il voit à présent diverses nuances de rouge, l'idée générale que j'attacherai au mot rouge sera celle que j'attache à présent au mot vert. Organisé encore autrement, ce sera une idée différente de toutes celles que j'ai ou puis avoir. Ces *idées comparatives* dépendent de notre organisation, et quant à la propriété de les avoir, et quant à la possiblité de les avoir et quant à ce qu'elles sont en elles-mêmes. Les idées de *relations* dépendent, à la vérité, de notre organisation pour la possibilité de les avoir, mais je dis qu'elles sont indépendantes pour exprimer qu'une fois qu'on est organisé de manière à les avoir, on en a qui sont toujours identiquement les mêmes, quel que soit le mode d'organisation. »

III

Il est bien regrettable qu'Ampère ait été interrompu à ce point de son dialogue, car il nous laisse encore de grandes difficultés à résoudre. Comment l'aurait-il achevé? « J'aurais, je ne sais comment, dit-il, quand il reprend et continue sa lettre trois jours après, ramené la théorie des hypothèses explicatives. » Puis il discute les objections que son ami oppose à ses classifications psychologiques. Essayons toutefois de suivre cette brève indication, et, tout d'abord, d'élucider la théorie. Qu'elle ait pour point de départ la conception de la causalité fondée sur la perception du rapport de l'effort à la sensation musculaire, on n'en peut pas douter. Sainte-Beuve a transcrit, sans trop se l'expliquer, une phrase où Ampère parle *d'une difficulté première qui lui semblait insurmontable, et dont M. le chevalier de Biran lui fournit la solution.* Sainte-Beuve entrevoit qu'il s'agit de l'idée de cause et de la distinction du *moi* d'avec le monde extérieur. Ampère avait d'abord cédé aux séductions de l'idéalisme et commencé par rejeter l'existence objective :

pour un philosophe, c'est le commencement de la sagesse, et il faut douter au moins une fois dans sa vie de la réalité du monde. Le corollaire de la théorie de l'effort, c'est qu'il y a hors de nous des « causes résistantes », des « causes prohibitives » et la matière est « l'agrégation des causes qui arrêtent nos mouvements volontaires », mouvements qui impliquent également l'étendue. Seulement ces causes restent profondément ignorées : ce sont les causes inconnues de phénomènes connus, et comme ces phénomènes appartiennent à l'esprit, l'objet n'est affirmé, j'évite à dessein de dire connu, qu'en fonction du sujet. Ignorance et relativité, voilà à quoi se réduisent nos premiers balbutiements sur le monde extérieur : nous sommes comme un aveugle à qui l'on demanderait de décrire la ville qu'il habite et dont il ne connaît que les rebords des trottoirs effleurés du bout de son bâton. Que faudrait-il donc pour asseoir, étendre, justifier notre connaissance du monde extérieur ? Il faudrait connaître les relations réciproques des êtres qui le composent et l'enchaînent dans un subtil réseau des rapports. Ainsi se trouverait fixée la fuite éternelle du phénomène : le changement lui-même aurait un fond permanent et tomberait sous les prises de la pensée. D'autre part, ces relations, qui ne sont pas des relations avec l'esprit, bien que l'esprit les appréhende et en fasse les rapports, nous permettront de détourner de notre science tout soupçon de subjectivité : les relations existent, en effet, avant les rapports, et c'est pourquoi, fidèle à la terminologie d'Ampère, nous avons restitué à la théorie son vrai nom, théorie des *relations* objectives, et non théorie des *rapports* subjectifs ou conçus par l'esprit. Il n'y a qu'une nuance, mais elle a son importance pour la précision des idées.

Chose curieuse, c'est Biran, l'adversaire de la théorie qui

a le mieux établi la différence, si importante aux yeux d'Ampère, des notions et des idées générales. Comme cette distinction est fondamentale et que, faute de la comprendre, on pourrait accuser Ampère de réaliser des abstractions ou de reproduire un platonisme timide et affaibli, empruntons au traité des *Rapports des sciences naturelles avec la psychologie* les principaux éléments de cette distinction : 1° Les notions séparées en sont, pour ainsi dire, « purifiées » de tout mélange avec les choses sensibles, conservent intégralement leur individualité, leur détermination, en dehors des phénomènes qui les ont suggérées, tandis qu'à être considérées ainsi isolément, et abstraction faite des phénomènes, les idées générales se dissolvent comme un faisceau mal lié, ou bien deviennent de simples catégories logiques auxquelles les formes du langage conservent seules une artificielle unité ; 2° dans ces idées générales, l'esprit reconnait son ouvrage ; il en dispose, il les écarte, les ramène, les étend, les resserre, en change quand il veut l'extension et la compréhension, tandis que les notions, signes mentaux de relations objectives et invariables, s'imposent à lui dès qu'il les aperçoit et qu'il ne dépend pas plus de lui de les modifier ou d'en changer la nature « que d'exister, de se créer ou de s'anéantir lui-même » ; 3° dès lors, elles sont nécessaires à la pensée : ce sont ses muscles et ses tendons. L'esprit ne peut pas plus les éliminer de la pensée qu'il ne peut s'en éliminer lui-même en excluant le *moi*. Ce non-moi est le complément du moi, et la personne devient, par cela seul qu'elle le porte en elle-même, une conscience permanente de l'impersonnel. Il faut toutefois insister sur une distinction capitale : le moi est l'acte d'abstraire, non une abstraction, *abstrahens non abstractus*, et le rapport dynamique qu'il soutient avec ses propres effets et à titre de cause est la première et la plus fondamentale des notions ; 4° dans l'idée simplement abstraite et générale, il n'y a d'unité et d'identité qu'en apparence ; elle n'est qu'un phénomène d'ordre mental et sa loi est le changement et la dispersion. Il n'y a pas, en effet, deux hommes au monde qui aient identiquement la même idée générale et, lors même qu'ils se servent du même mot, ils ne lui donnent ni la même extension ni la même compréhension ; l'un est nominaliste sans le savoir, et le mot n'est pour lui que le *flatus vocis* ; l'autre est un réaliste inconscient et s'imagine que le mot, c'est la chose même ; il est porté à croire que le mot fer doit désigner le même métal dans toutes les langues ; un troisième, enfin, est conceptualiste, crée des mots pour ses idées et dit avec Montaigne : Que le gascon vienne à mon aide, si le français ne suffit pas. L'idée générale est factice, artificielle et sans identité véritable, car nos sensations et nos intentions peuvent se ressembler plus ou moins, mais aucune n'est identique à l'autre ni à elle-même. Au contraire, l'unité et l'identité sont les caractères propres des notions : les actes d'un esprit qui conçoit ou la cause ou la substance, ou la forme ou le nombre, ces actes successifs sont identiques à eux-mêmes. Que je conçoive dix fois l'idée de cause, je suis bien sûr que ces dix actes de mon esprit ne diffèrent que par le temps et sont des indiscernables. Les idées générales ne sont que les symboles artificiels, que le « schema » des notions : elles imitent et réflètent leur immutabilité comme l'ombre d'un arbre au bord de l'eau imite, quoique agitée et mouvante, l'immobilité de l'arbre. En résumé, purement intellectuelles, absolument nécessaires et indépendantes de l'esprit qui les forme, unes et identiques comme l'esprit lui-même qui retrouve en elles ses propres

attributs, tels sont, selon Biran, interprète d'Ampère, les
caractères principaux des notions[1].

Ici se pose un curieux problème psychologique : pourquoi
Biran, qui se montre un si bon interprète de la théorie des
relations, hésita-t-il si longtemps entre Ampère et Cousin et
finit-il par se rallier, sinon dans les termes mêmes, du moins
pour les tendances générales, à la théorie de la raison intui-
tive? Est-ce fatigue de penser ? Il n'avait pas, nous dit-il,
une « tête à calculs », et la théorie d'Ampère entraîne l'esprit
à des combinaisons laborieuses. « M. Ampère fait un bien
grand détour pour retrouver l'origine de la notion de substance hors du fait de conscience. Je pense que cette origine
ne peut être plus éloignée que le premier acte de réflexion.
L'aperception immédiate interne a pour sujet et pour objet
immédiat le moi sans rien de substantiel et d'absolu. Mais
lorsque ce moi réfléchit sur lui-même, lorsque le sujet ne
peut point s'identifier avec l'objet dans le même acte de
réflexion, le moi objet de cet acte ne peut être autre que
l'être absolu ou l'âme, force substantielle; le noumène est
conçu ou créé hors de la conscience comme dans toute perception. » Ce passage des lettres inédites montre bien les
constants efforts que fit Biran pour retrouver la substance
et l'absolu par la conscience : il n'aboutissait qu'à une sorte
de dualisme intérieur qu'il finit par abandonner mais sans
jamais convenir avec cette audace de pensée qui caractérise
Ampère, que l'âme n'est qu'une hypothèse. Il voulait bien
écrire le mot *croyances*, mais sa plume se refusait à écrire
hypothèse. Il n'avait qu'une foi médiocre au raisonnement
et croyait que le plus sûr était de mettre d'abord l'âme en

[1] V. *Science et psychologie*, p. 157.

sûreté. Ampère eût jeté audacieusement comme Condé son bâton de maréchal dans les lignes ennemies sûr de sa valeur pour le reprendre; il y serait suivi d'un régiment de preuves. Biran semble avoir eu pour maxime le *Crede ut intelligas* de saint Anselme, Ampère l'*Intellige ut credas* d'Abeilard.

Aussi qu'arriva-t-il? Biran écrivit un gros volume pour prouver le nécessité et, par suite, la légitimité des croyances philosophiques et détruisit de ses propres mains toute son œuvre dans une petite note de quatre lignes : « On pourrait faire au sujet de la croyance la question qu'on a faite au sujet du beau : est-il beau parce qu'il nous plait, ou nous plait-il parce-qu'il est beau? Croyons-nous nécessairement une chose parce qu'elle est vraie ou qu'elle existe réellement ou n'est-elle vraie, n'existe-t-elle que *parce que* ou *en tant que* nous la croyons[1] ? » Ampère devait effrayer son ami quand il lui écrivait avec sa vivacité ordinaire : « Partez de là que si vous voulez détruire par des théories métaphysiques celle de l'immortalité de l'âme, vous ne pourriez rien trouver de plus propre à ce dessein que d'établir que l'âme n'existe que quand elle fait effort. Cela s'appellerait prouver la cessation de l'existence de l'âme. » Ampère est un rude jouteur qui dut souvent scandaliser son allié : Biran n'aimait pas entendre parler de détruire le temple de Dieu, même avec promesse de le rebâtir en trois jours. Or Ampère, en déclarant d'abord que la matière, l'âme et Dieu ne sont que des hypothèses, employait ce procédé radical. Je lis dans une note inédite de Biran, ces lignes où chaque mot dénonce sa timidité d'esprit : « J'avoue que de leur ana-

[1] *Science et psychologie*, p. 213.

logie on serait tenté de croire que la personnalité ayant commencé peut aussi finir... Il ne faut pas être difficile sur les preuves dans un sujet si désirable ». Quand on n'est pas difficile sur les preuves, la théorie de la raison impersonnelle ou de l'intuition intellectuelle paraît singulièrement séduisante. Il faut donc croire à l'immortalité de l'âme parce que cette croyance est « belle et douce ». Dans une autre note, Biran avoue que la croyance est toujours « proportionnée à la vivacité de l'imagination ». Pour être sévère jusqu'au bout, citons cette critique virulente de Bordas-Desmoulins : « Donc le génie livré tout entier à ses contemplations sublimes (il vient de citer Archimède et Newton) n'aurait en partage que la vie animale, tandis que l'imbécillité qui ne s'occuperait que du sentiment de son existence, qui de dire éternellement *moi, moi, moi,* étalerait la perfection de la vie morale [1] ! » Pourquoi ces critiques? Uniquement pour montrer que Biran avait besoin en métaphysique d'être dirigé par la main ferme et sûre de son ami dont la doctrine était nettement arrêtée lors même que l'expression en demeurerait un peu confuse.

V. Cousin qui fréquentait alors la Société psychologique, sut bien discerner l'originalité de la théorie des Relations : il l'emprunta, lui donna un nom nouveau, rejeta, et pour cause, les preuves scientifiques qui en étaient la justification, et, allégée de ce lest, la lança dans le monde de la philosophie. Voyez, disait Ampère, comme on se sert de mes idées sans me nommer! mais cette plainte écrite à un ami, dans l'intimité, n'arriva jamais jusqu'au public : le système de Cousin passa donc pour une révélation; la métaphysique d'Ampère

---

[1] *Mélanges philosophiques et religieux,* p. 225.

n'obtint aucun crédit dans le cercle même de ses amis, et peu s'en faut qu'Arago ne le regarde comme une distraction de plus du distrait légendaire. Le génie égorge ceux qu'il pille, a dit Montesquieu; mais il n'est pas besoin d'avoir du génie pour piller, même pour égorger, il suffit d'un peu d'éloquence et de beaucoup de savoir faire. En voici une preuve entre mille : « Le monde réel, dit Ampère, ne peut impliquer sans contradiction que des idées de rapport, dépouillées de toute subjectivité. C'est un fait que les savants les forment et y croient; permis aux métaphysiciens de le *désobjectiver*, mais c'est une immense probabilité contre eux. *Voilà mon pont!* » Cela est lourd, dur, mais fort de choses : voyez comme V. Cousin qui sans doute avait recueilli dans ses conversations avec le physicien cette expression pittoresque, traduit éloquemment la même pensée : « La raison est en quelque sorte le *pont* jeté entre la psychologie et l'*ontologie*, entre la concience et l'être; elle pose à la fois sur l'une et sur l'autre; elle descend de Dieu et s'incline vers l'homme, elle apparaît à la conscience comme un hôte qui lui apporte des nouvelles d'un monde inconnu dont il lui donne à la fois l'idée et le besoin... La raison est le médiateur nécessaire entre Dieu et l'homme, ce λόγος de Pythagore et de Platon, ce *Verbe* fait chair qui sert d'interprète à Dieu et de précepteur à l'homme; homme à la fois et Dieu tout ensemble [1]. » Quand on veut avoir du succès parmi ses contemporains, il ne faut pas, comme un Ampère ou un Pascal, « chercher en gémissant », il faut prendre hardiment le rôle d'homme-dieu et s'annoncer en révélateur : « la raison est à la lettre une révélation », disait V. Cousin, qui

----

[1] Préface des *Fragments philosophiques* (1826).

ne faisait que donner un nom nouveau à cette fatalité
de la croyance qui est comme l'instinct de l'homme. Quant
à Biran, il voyait la difficulté signalée par Ampère, il la dé-
crivait avec plus de précision que son ami, mais s'attachait
pour franchir l'abîme les ailes du mysticisme : entre l'intuition intellectuelle et le mysticisme il n'y a qu'un pas, et c'est
pourquoi V. Cousin, avec autant d'habileté que de pénétration, s'est montré impitoyable pour le mysticisme. Malebranche, par la même raison, traitait Spinoza de misérable
athée.

Gardons-nous toutefois d'assimiler la théorie des relations et la théorie de la raison impersonnelle ; il y a entre
elles une différence profonde qui les rend inconciliables. La
raison est censée nous donner l'intuition de l'être, la perception immmédiate du réel ; les relations sont posées par les
êtres et les réalités, mais elles ne nous font point pénétrer
dans leur nature intime et nous permettent seulement d'affirmer que leur existence est indépendante de l'esprit qui les
conçoit. La raison ne se prouve pas son objet, elle le pose et
l'impose : les relations, au contraire, sont le point de départ
de l'hypothèse métaphysique et n'en prouvent la légitimité
qu'en la mettant d'accord avec les exigences de toutes les
sciences. La théorie de l'intuition immédiate offre l'inappré-
ciable avantage de nous dispenser d'être savants ; c'est la
raison paresseuse des anciens élevée à la hauteur d'un système. La théorie des relations exige au contraire une science
encyclopédique : elle philosophe avec toutes les sciences et
avec l'âme tout entière.

Descartes avait appliqué l'algèbre à la géométrie, Ampère
tenta de l'appliquer à la métaphysique et retrouva, après
vingt-quatre siècles, l'esprit toujours vivant du pythago-

risme, mais d'un pythagorisme armé et fortifié de toute la science moderne. « La faculté d'apercevoir des rapports est peut-être celle qui caractérise le plus éminemment ce qu'on appelle le génie », avait-il dit en 1803, et l'année suivante il préludait à sa classification des sciences, ce merveilleux tableau de tous les rapports que peut saisir l'esprit humain par une leçon d'ouverture d'un cours de chimie qui en indique déjà fort nettement l'idée maîtresse ou directrice [1]. Un autre inventeur qui n'avait qu'à s'observer lui-même pour connaître le génie, un compatriote d'Ampère, Claude Bernard, disait aussi presque dans les mêmes termes : « Une idée neuve apparaît comme une relation nouvelle ou inattendue que l'esprit aperçoit entre les choses. » Tous deux s'accordaient encore dans leur apologie de l'hypothèse considérée comme le véritable instrument de découvertes. Nos logiciens ont eu le bon esprit d'emprunter à Claude Bernard sa théorie de l'expérimentation ; ils seraient bien inspirés s'ils empruntaient à Ampère sa théorie des hypothèses explicatives.

Ce n'est pas le lieu de la développer ici : contentons-nous de ce qui est essentiel à notre objet. Ampère dit comme tous les logiciens qu'une bonne hypothèse doit expliquer tous les faits, être plus claire que les faits qu'elle explique, en rendre compte de la manière la plus simple. Jusque-là rien de nouveau, mais il insiste sur deux conditions d'une hypothèse légitime qu'on a trop souvent oubliées : il faut qu'elle permette de prévoir les faits et qu'elle nous mette en mesure de les annoncer avant leur apparition, car la prévision et l'inven-

---

[1] V. *Un discours inédit d'Ampère*, par A. Bertrand, *Annuaire de la Faculté des lettres de Lyon*, 1885.

tion sont la marque de la puissance de la pensée et son triomphe sur les phénomènes; il faut aussi que l'hypothèse choisie exclue toute autre hypothèse en créant entre les faits un lien si intime et si nécessaire que toute autre manière de les expliquer serait immédiatement rejetée par la raison. Cette dernière condition est extrêmement difficile à réaliser : c'est le triomphe de la pensée sur la pensée même. L'hypothèse métaphysique devient alors la pensée de la pensée d'un savant, la conscience de sa conscience. Nous verrons bientôt que l'hypothèse idéaliste et l'hypothèse criticiste sont irrémédiablement condamnées dès qu'on leur applique ce double critérium. Descartes avait dit, dans une lettre au père Mersenne : « Pour la physique, je croirais n'y rien savoir si je ne savais que dire comment les choses peuvent être, sans démontrer qu'elles ne peuvent être autrement. » Biran voyait dans cette ambition une « prétention étonnante », et la preuve que le génie de Descartes était tourné tout entier « vers la science des vérités nécessaires ». Faire des grandes vérités, essentielles à l'esprit humain, des affirmations nécessaires, des postulats inévitables, c'est bien aussi la prétention d'Ampère. Il aspire à transformer en hypothèses démontrées les thèses spontanées de la conscience.

Reste à savoir si l'hypothèse métaphysique peut se formuler en n'employant que des relations « désobjectivées et déphénoménalisées » pour employer des expressions qu'Ampère est obligé de créer tout en avouant qu'il est « dur » d'y être contraint. La dialectique de Biran est sur ce point aussi vigoureuse que celle d'Ampère. Donnons-lui la parole sans interrompre la suite de son argumentation. Les explications qui précèdent en sont un commentaire préalable et suffisant :

« M. Ampère, lisons-nous dans les lettres inédites, veut expliquer l'*étendue* qu'il appelle phénoménale en disant que c'est le mode de coordination des phénomènes ou des intuitions propres de la vue ou du toucher. Il prétend que ce mode de coordination appartient également aux phénomènes de l'intuition et aux noumènes, aux choses telles qu'elles existent *en soi ;* par exemple qu'il y a réellement et absolument des parties nerveuses coordonnées et juxtaposées dans les organes de la vue et du toucher, de manière à représenter à ces deux sens le phénomène de l'étendue visible et tangible.

« Je demande sur cela si l'on peut conclure *a priori* de l'étendue réelle des organes à l'étendue phénoménale de nos représentations d'étendue ; il est évident que nous ne pouvons qu'*induire* l'existence absolue d'un noumène « *étendu* », du phénomène qui nous est donné par l'intuition *immédiate.* Or, ce phénomène n'emporte-t-il pas déjà avec lui l'idée ou la persuasion d'une existence réelle ? On en convient, mais on dit que telle persuasion a besoin d'être justifiée par la raison et, afin d'y parvenir, on part de l'existence absolue des choses comme elles existent en elles-mêmes pour expliquer les phénomènes, c'est-à-dire qu'on part d'une induction probable des faits pour expliquer ces faits, et l'accord qui règne entre ceux-ci et l'hypothèse établit sa réalité absolue. Si l'on parvient à expliquer de cette manière des faits subordonnés, tels que ceux de la physique, on n'établira jamais ainsi aucune *existence* première, puisque ce qu'on suppose, quand il s'agit de la réalité correspondante aux faits primitifs, ressemble toujours à ce qu'on sent ou perçoit phénoménalement, et qu'il ne doit ni ne peut y avoir aucune ressemblance entre les *phénomènes* et les *noumènes*, c'est-à-dire entre certaines sensations, certaines apparences relatives à notre mode d'organisation et les *choses* comme elles sont, indépendamment de notre sensibilité et des *vues* de notre esprit.

« Avant d'aller en avant dans l'établissement d'une nouvelle théorie psychologique telle que M. Ampère la propose, je voudrais qu'on examinât :

« 1° Quelle espèce d'idées ou de notions nous pouvons nous former des noumènes, purs dépouillés de tout ce qui est phénoménal ;

« 2° Si nous pouvons nous représenter un phénomène quelconque sans qu'il s'y joigne l'idée de quelque chose de nouménal ou d'absolu ; si le phénomène, dépouillé de cette notion d'absolu, peut être mieux conçu que cette notion elle-même sans le phénomène ;

« 3° Si nous pouvons affirmer quelque ressemblance entre le *noumène* cru ou supposé constant et un phénomène semblable quelconque ; ou si la possibilité de la moindre ressemblance entre ce qui existe réellement et absolument, et ce que nous pouvons concevoir à l'aide des formes de nos sens et de notre esprit ne répugne pas essentiellement à une hypothèse qui se fonde sur ce principe que rien de ce qui est subjectif ou qui nous est donné immédiatement comme fait, n'a d'existence réelle ;

« 4° Si l'on peut donner le même nom tel que cercle, ellipse, parabole, ou appliquer le signe d'une figure particulière, telle que l'Apollon du Belvédère, par exemple, à ces modes de coordination des parties de l'étendue réelle ou de l'espace absolu que l'on prétend exister nécessairement et éternellement, indépendamment des conceptions de notre esprit, même de l'entendement divin qui, suivant Platon et

Leibniz, est la région propre des essences réelles ou des choses comme *elles sont*. Par suite, si ce n'est pas un sujet perpétuel d'illusion et de discussions oiseuses que de transporter les signes de ce qui peut être vu, touché, figuré ou conçu à ce que l'on convient ne pouvoir être représenté d'aucune manière, de dire par exemple que l'Apollon du Belvédère existe de toute éternité dans le bloc de marbre.

« Les systèmes de l'harmonie préétablie et des causes occasionnelles ont eu pour objet de détruire la réalité de l'action de l'âme motrice du corps, tandis que toute idée de causalité nous vient du sentiment intime de cette action.

« Les phénomènes nous sont-ils donnés suivant certains modes d'*union* ou de coordination parce que ces modes d'union ont lieu entre les noumènes ou les choses telles qu'elles existent réellement hors de nous ? ou bien ces choses ne paraissent-elles pas exister réellement unies ou coordonnées ainsi, parce que, comme dit Kant, tels *modes d'union* ou telles formes sont inhérentes à notre esprit de telle manière que nous ne puissions rien concevoir que sous ces formes ou par elles ? La dernière opinion me paraît la plus vraisemblable ou du moins la plus facile à concevoir ; car je conçois très bien que, si l'étendue telle que je la perçois immédiatement par les sens de la vue ou du toucher (prédominants dans l'organisation humaine) est une forme de ces sens inhérents à leur nature, cette forme se répande sur toutes les choses représentées, quelles que soient ces choses, dont nous ne connaissons certainement que l'existence et dont la nature ou l'essence nous est parfaitement inconnue, tandis que nous ne concevons en aucune manière comment ces choses inconnues, ces éléments, forces ou monades, pour–

raient être coordonnées de manière à réaliser en elles-
mêmes une *étendue* ou un espace absolu indépendant de nos
conceptions.

« Au reste, pour choisir entre les deux hypothèses dont
l'une part du dehors pour expliquer le dedans et l'autre du
dedans pour expliquer le dehors, on ne saurait se fonder sur
une sorte de parallélisme qu'on prétendrait établir entre
elles et les hypothèses astronomiques ou chimiques employées à rendre raison des phénomènes; il y a plusieurs
différences notables :

« 1° Les physiciens ou les astronomes admettent l'existence
réelle de l'étendue naturelle ou de l'espace pénétrable, et tout
se borne pour eux à rendre compte du certaines apparences
qu'offrent ces corps dans leurs mouvements relatifs. On conçoit très bien que le soleil et tous les astres se meuvent
autour de la terre immobile, ou que la terre se meuve, etc. ;
au contraire quand il s'agit de savoir si les modes de coordination sont dans les noumènes ou dans notre esprit, on élève
un doute sur la manière d'exister des *corps* et dès que ce
doute a lieu, on ne saurait fonder la certitude contraire sur
aucune hypothèse, puisque l'hypothèse se fonde nécessairement elle-même sur l'existence et les formes nouménales
qu'elle a pour objet de vérifier, et qu'elle part de là comme
de données primitives absolues.

« Les corps brûlent, dit Stahl, parce qu'il y a en eux un
principe inflammable ; les corps brûlent, dit Lavoisier, parce
qu'ils ont de l'affinité avec un principe inflammable qui est
hors d'eux.

« De même tout le monde dit et croit que nous percevons
des objets étendus parce qu'il y a en eux une étendue réelle.
Leibniz et Kant après lui disent que l'étendue est une forme

ou un mode de coordination qui appartient à l'esprit et dont nous revêtons les noumènes, les monades, etc.

« Lavoisier prouve par une suite d'apparences que le principe de la combustion est hors du corps combustible ; mais quelle expérience nous apprendra si les modes de coordination des phénomènes sont absolument dans les choses ou seulement dans l'esprit qui perçoit ? Ce doute de la réflexion peut-il jamais s'éclaircir par aucune expérience extérieure ? et l'une ou l'autre alternative ne s'accorde-t-elle pas également avec les phénomènes ? »

IV

Voilà le grand et irrémédiable scepticisme qui devait conduire Biran au mysticisme et alimenter la mélancolie de Jouffroy. C'est sur un point d'interrogation que semble finir la dernière tentative de l'esprit humain. Ampère, qui avait si vivement conseillé à son ami de lire et de relire les ouvrages de Kant ne regretta-t-il pas un jour ses exhortations en voyant quel arsenal formidable on pouvait y trouver pour battre en brèche la théorie des relations? Les systèmes sont bien forts quand ils nient et bien faibles quand ils affirment: il est bien plus facile de se contenter d'interroger.

Qu'on ne croie pas qu'Ampère pût être ébranlé un seul instant dans ses convictions. Sa métaphysique avait pour garantie sa science universelle et ses propres découvertes. Il faudrait un ouvrage entier pour le prouver, mais la démonstration serait invincible : ce grand inventeur d'ingénieuses expériences partait toujours de principes *a priori* et chacune de ses découvertes était une preuve nouvelle de la vérité de sa métaphysique. « Ampère, dit Littré, n'a rien dû au hasard et n'a trouvé que ce qu'il a cherché. » Littré lui applique les vers magnifiques de Schiller sur Christophe Colomb : « Poursuis ton vol vers l'ouest, hardi navigateur ; la terre que tu cherches s'élèverait, quand bien même elle n'existerait pas, du fond des eaux à ta rencontre ; car la nature est d'intelligence avec le génie. » Ampère le savait, et ce que Littré appelle « une splendide exagération » était pour lui une éclatante vérité. « Les époques, dit-il, où l'on a ramené à un principe unique des phénomènes considérés auparavant comme dus à des causes absolument différentes, ont été presque toujours accompagnées de la découverte de nouveaux faits, parce qu'une nouvelle manière de concevoir les causes suggère une multitude d'expériences à tenter, d'explications à vérifier. » Ces époques sont synthétiques, organiques, métaphysiques : faites abstraction de la métaphysique d'Ampère, vous ruinez toute sa science, vous niez son génie ou vous vous mettez dans l'impossibilité de le comprendre.

Au temps de ses discussions avec Biran, il n'avait pas encore créé l'électro-dynamisme et d'ailleurs sa modestie l'eût empêché certainement de citer son propre exemple, mais nous n'avons qu'à relire la lettre de Sisteron pour être convaincus que ces découvertes il les pressentait et qu'il savait aussi qu'elles dériveraient d'une source métaphysique. Il faut, disait-il, justifier la réalité « d'un monde nouménal hypothétique » en en déduisant le monde phénoménal, descendre par une marche dialectique régulière des relations supposées dans le premier aux relations observées dans le second. Il faut ensuite s'assurer « qu'à moins d'une harmonie préétablie sans aucune raison ni motif entre les conceptions *romanesques* de notre imagination » et les phénomènes observés dans leur ordre de succession, leurs changements apparents de formes, de grandeurs et de positions, cette dépendance démontrée « ne peut existor qu'autant que les premières relations existent réellement et indépendamment de nous entre les noumènes. » Sa physique se met elle-même à perpétuité sous la dépendance de sa métaphysique : elle s'en fait la suivante, presque la servante, et cette humilité ne lui réussit pas trop mal. « Voilà, dit-il, cette distinction que vous trouvez sujette à difficulté et sans laquelle toutes nos connaissances relatives aux *objets* hors de nous seraient des faussetés et des bêtises décorées du nom de sciences, sans laquelle on ne pourrait pas affirmer sans absurdité que Mars, Jupiter et Saturne sont trois noumènes différents, sans laquelle il est faux que la terre se meuve. Car le phénomène de la terre est immobile pour nous, et suivant vous il serait absurde d'attribuer la relation de mouvement au noumène de la terre, indépendamment de nous. » C'est presque le mot de Galilée : Et pourtant elle se meut ! Elle se meut, dis-je, et son mouvement, loin d'être une simple apparence n'est pas même une apparence : il n'apparaît pas, il est.

Il y a deux points surtout que Biran ne semble pas, malgré toute sa pénétration, avoir réussi à bien comprendre dans la théorie d'Ampère. D'abord il s'obstine à croire qu'Ampère nous attribue la connaissance de l'absolu et se fait relever vertement sur ce point par son ami : « Vous dites que ce serait atteindre l'absolu qui nous est interdit, que de connaître des relations des *noumènes* entre eux qui fussent indépendantes de nous. Comment est-ce atteindre

l'*absolu* que de connaître des *relations* ? Voilà une contra--
diction dans les termes que vous n'auriez pas laissée dans
votre lettre si vous l'aviez relue. » Ensuite, partisan comme
beaucoup de métaphysiciens de la doctrine du tout ou rien,
il semble croire que notre connaissance des relations nouménales doit être adéquate ou ne pas être. Mais comme nous
ne saisissons les relations nouménales que dans des relations
phénoménales que nous *transportons* ensuite légitimement
dans le monde des réalités, il y a une infinité de rapports
des noumènes entre eux qui restent invinciblement ignorés.
Rassurez-vous donc, il y aura toujours place pour l'ignorance,
l'inconnaissable et le silence éternel des espaces infinis ne
cessera pas de nous effrayer. Dieu, selon Spinoza, possède
une infinité d'attributs infinis dont deux seulement nous sont
connus, l'étendue et la pensée : cette doctrine est à beaucoup d'égards celle d'Ampère et même il serait loin de nous
attribuer une connaissance adéquate de la pensée et de
l'étendue. Notre science est donc courte par bien des en-
droits. Il tirait même de cette imperfection de notre science
une preuve admirable de l'immortalité de l'âme qui revient
souvent sous sa plume et dont je trouve l'expression naïve,
pour ainsi dire, dans une lettre à son fils : « Il est très vrai
que le but de l'homme n'est pas cette vie ; ses plus nobles
facultés se rapportent à une autre existence ; elles seraient
de vrais contre-sens dans l'être borné destiné à une durée
si bornée, ces facultés qui s'élèvent à l'infini et saisissent
l'éternité[1]. » C'est un contre-sens que n'aurait garde de
commettre le grand interprète de la nature : il dirait comme
Pascal que l'homme est fait « pour l'infinité » ou comme

---

[1] *Correspondance et souvenirs* (lettre de 1818), t. II, p. 143.

Royer-Collard que toute notre science consiste à puiser
notre ignorance à sa source la plus élevée. Nul n'a puisé
l'ignorance plus haut.

Il ne faudrait pas croire qu'Ampère fût partisan de cette
pseudo-certitude morale dont on a tant abusé à notre époque
d'anémie métaphysique et qu'on appelait de son temps du
nom plus exact de certitude de sentiment. Il y voit une sorte
de grâce prévenante qui sollicite l'examen, mais ne le remplace en aucun cas. Il l'oppose à la probabilité philosophique,
à la certitude de raison : « Je vous parlerai une autre fois de
la certitude de sentiment, dit-il dans la lettre d'Avignon ; il
n'est question ici que de la certitude de raison, résultat d'une
grande somme de probabilités. » Je ne sais s'il a tenu sa
promesse, mais il est certain que la croyance n'était à ses
yeux que le point de départ et pour ainsi dire l'enfance de la
philosophie. Il remarquait que les enfants ont une tendance
manifeste à objectiver leurs idées, et que l'ignorant croit
aussi naturellement que les choses sont comme il les voit. Ni
l'enfant ni l'homme qui n'a pas réfléchi ne se trompent absolument, car il y a de l'être dans toute pensée, mais si la première démarche de l'esprit est de croire, la seconde est d'aller de la croyance à l'examen, et la troisième de revenir de
l'examen à la croyance. Ainsi se trouve réconciliée la métaphysique avec le sens commun, mais le sens commun n'est
d'aucune valeur pour établir la métaphysique. Si le cœur a
ses raisons cachées dans les profondeurs inconscientes de
l'âme, c'est encore la raison qui les connait et qui les juge. Il
ne suffit pas de s'écrier, avec Rousseau : *Conscience ! conscience ! instinct divin, immortelle et céleste voix !* et de
demander avec Kant dans quel sol le devoir plonge sa noble
tige ; l'esprit humain doit être ramené à l'unité et la pratique

identifiée avec la spéculation [1]. La loi morale n'est pas un instinct, mais un rapport. La certitude morale n'est qu'une vraisemblance entrevue et une probabilité mal analysée. « La raison, disait Pascal, nous commande bien plus impérieusement qu'un maître : car en désobéissant à l'un, on est malheureux, et en désobéissant à l'autre, on est un sot. » Il n'y a pas une raison spéculative et une raison pratique : la raison est une, et je ne suis pas moins obligé en conscience de choisir la meilleure hypothèse que d'accepter les meilleures règles de conduite. Ce ne sont donc pas des raisons morales, mais des raisons purement et simplement qui nous font préférer à l'hypothèse idéaliste l'hypothèse réaliste. « On ne peut opposer à mon hypothèse, dit Ampère, que l'hypothèse de Kant. Tout moyen terme est insoutenable. Admettons donc d'abord ces deux hypothèses comme également probables et comparons-les comme les astronomes comparent celle de Ptomélée et celle de Copernic, comme les chimistes comparent celle de Sthal et celle de Lavoisier, en en déduisant des conséquences apodictiques et en constatant celles qui s'accordent avec l'enchaînement des phénomènes, et surtout les font prédire d'avance. Nous verrons certes la plus probable, et cette probabilité ne laissera bientôt plus lieu au moindre doute. » Voilà l'examen auquel Ampère nous invite et que Biran n'a pas poussé assez loin, parce qu'il arrêtait son

---

[1] Dans le mémoire lu à l'Institut, dont ce chapitre est un abrégé, nous insistions beaucoup plus longuement sur cette idée importante. Dans l'intervalle qui a séparé la lecture du mémoire de la publication de ce volume M. A. Fouillée a traité cette question de la *primauté de la raison pratique* dans la *Revue philosophique* avec une telle supériorité qu'il ne nous reste plus qu'a renvoyer le lecteur aux écrits de l'éminent adversaire du criticisme.

ami dès le second pas et refusait de suspendre à une hypothèse le sort de la métaphysique et les plus grands intérêts du genre humain.

V

Il est aisé de voir pourquoi l'idéalisme répugne invinciblement au savant qui réfléchit sa science : il contredit l'expérience, et je ne parle pas seulement de cette expérience intime de l'effort qui rencontre des causes « résistantes et prohibitives » et se refuse à admettre sur la foi de Berkeley que tout l'être de ces causes est d'être perçues ; je parle de l'expérience telle que l'entend le physicien. N'y a-t-il pas dans les choses une sorte de réfringence qu'il faut expliquer ? Est-ce qu'elles ne déforment pas nos lois idéales et, dès lors, n'ont-elles pas chacune je ne sais quel coefficient personnel, quel indice de réfraction qui interdira toujours de rêver, à la manière de Hégel, une physique idéale, une chimie idéale qui se passeraient de l'expérience et ne relèveraient que de la pensée ou de la mathématique pure ? La science est la perpétuelle négation de l'idéalisme. Dans un sens, Berkeley a raison de se réclamer du consentement universel, car il est très vrai que le sens commun est idéaliste : il suffit parfaitement au paysan qu'une apparence de champ labourée par une apparence de charrue lui donne une apparence de blé qu'il échangera contre une apparence d'écus. Opposant paradoxe à paradoxe, nous disons donc que l'idéalisme qui supprime toute différentielle entre les idées et les choses, n'est qu'un système puéril et, pour ainsi dire, l'enfance de l'art, bien qu'il se croie et même se proclame volontiers un système très savant et très raffiné.

Je lis, dans une thèse pensée avec subtilité et écrite avec esprit : « Nier l'existence de la matière, n'est-ce pas écarter de l'horizon scientifique tout *block-stone* opposé à la curiosité rationnelle ? N'est-ce pas interdire tout arrêt mis à la déduction et à l'analyse ? N'est-ce pas déclarer que rien en son ultime fond n'est inaccessible et inconnaissable ?... N'est-ce pas enfin rendre à la pensée humaine un service analogue à celui dont elle était, suivant Lucrèce, redevable à cet Épicure qui, en refusant aux dieux toute action sur le monde, déroba la nature au caprice et à l'arbitraire [1]. » Oui, c'est tout simplifier à souhait et il faut peut-être regretter que les choses ne soient pas si simples que cela. Que diriez-vous d'un historien qui, pour simplifier le récit de la campagne d'Italie, commencerait par supprimer le *block-stone* des Alpes, sous prétexte que c'est un obstacle et un arrêt aux conceptions stratégiques de Bonaparte ? L'expérimentation est aussi une stratégie, une ruse et une guerre : la nature proteste à sa manière contre l'idéalisme. Il est douteux que le savant acceptât cette délivrance et cette émancipation trop radicales : il lui faut des difficultés pour les surmonter et un adversaire pour le vaincre. La comparaison avec Épicure me semble même manquer de justesse : la nature est, en effet, pour Berkeley, le langage que Dieu lui-même parle à nos âmes. La vraie délivrance serait celle que Hume nous annonce : ni nature ni esprit, mais simplement un faisceau, un paquet de sensations, *a bundle of perceptions*, c'est l'évangile de l'idéaliste qui a le courage de son opinion et supprime avec les êtres ce qui était censé constituer l'être des êtres.

[1] *L'Idéalisme en Angleterre*, par M. Georges Lyon, p. 471.

L'hypothèse de Kant ne se soutient pas plus que celle de Berkeley ; c'est l'idéalisme complété par une inconséquence qui prouve que Kant n'avait pas été complètement réveillé par Hume de son sommeil dogmatique. Pourquoi dire qu'il y a des choses et qu'elles gravitent autour de l'esprit? Le noumène est, en dépit de son nom, l'intelligible et ne soutient aucun rapport avec l'esprit : il est impossible de sortir de l'égoïsme métaphysique ou de l'idéalisme subjectif. Le scrupule qui a fait conserver le noumène n'est qu'un paralogisme, une « sublime inconséquence », dira Cousin qui songe aux intérêts de la morale. Il n'est pas bien difficile d'exorciser ce dernier fantôme de l'absolu : la chose en soi s'évanouit dès qu'on souffle seulement dessus. C'est ce que Biran, d'accord sur ce point avec Ampère, a fort bien vu. Il écrit, dans une lettre inédite : « Il est très simple de dire avec Kant que tout ce qu'il y a de *un* dans nos représentations ou conceptions appartient au sujet et ne peut appartenir qu'à lui, comme étant sa forme propre dont il revêt les transformations externes ou internes. Dans cette hypothèse simple, il est impossible de savoir non-seulement ce que sont les noumènes ou les choses en elles-mêmes, mais, de plus, s'il y a des noumènes ou des choses hors de nous. Kant suppose l'existence de ces choses, mais bien loin que son système en justifie la réalité, il tend, au contraire, à la démentir en faisant ressortir du sujet tout ce qui n'est pas phénomène sensible. » S'il n'y a pas de relations objectives, dirait Ampère, il n'y a pas d'objets, car les êtres sont impénétrables l'un à l'autre comme les consciences et leurs relations, perçues d'abord dans les phénomènes, nous sont seules accessibles.

Encore si Kant pouvait se contenter de poser gratuitement les noumènes, mais une inflexible nécessité exige qu'il les détermine, qu'il spécule sur eux. Ne sont-ils pas destinés à servir de refuge à la liberté exilée du monde des phénomènes ? Il faut donc qu'ils soient de telle nature qu'ils rendent possible la liberté, et il le faut *a priori*, indépendamment de tout intérêt pratique. La liberté ne peut être transportée du monde des phénomènes où elle n'est pas et où par conséquent je ne puis en prendre la moindre idée dans le monde des noumènes : c'est dans le monde des noumènes que je la connais ou que je la suppose, sollicité, il est vrai, par la loi morale à tourner les yeux de ce côté. Mais alors, votre monde des noumènes, je le connaissais déjà : c'est le monde des possibles de Leibniz et du moment que vous le posez vous vous lancez à pleines voiles dans la métaphysique. En dépit de vos affirmations, le système de Ptolémée se substitue au système de Copernic et c'est l'esprit qui gravite encore autour des réalités. Encore une fois, si vous ne savez absolument rien des noumènes, sinon qu'ils existent, de quel droit affirmez-vous que la liberté, réclamée, j'y consens, par la loi morale, *peut résider* en eux et affirmer plus tard qu'elle y réside réellement ? Si vous laissez subsister en face de la loi morale ne fût-ce qu'une ombre d'être, tout votre système se dissout. Il faut absolument déclarer avec Fichte, que sans le devoir nous ne serions certains ni de l'existence des autres ni de la nôtre et que « c'est la loi morale qui nous a tirés du néant ». Mais alors nous touchons aux bornes de l'intelligible ou plutôt nous les avons depuis longtemps dépassées : c'est une incantation plus que mystique, magique, et nous sommes en pleine fantasmagorie. Entre les noumènes de Kant et notre intelligence il n'y a pas plus de rapport qu'entre le Chien constellation céleste, et le chien animal aboyant ; mais Spinoza n'eût jamais logé la liberté dans une constellation : il la supprimait sans phrase, *more geometrico*. L'hypothèse des noumènes n'explique absolument rien, parce qu'elle expliquerait tout aussi bien les choses si elles existaient tout autrement, tandis que la théorie des relations est une hypothèse rigoureusement scientifique.

Vous auriez beau d'ailleurs jeter les noumèmes par dessus bord afin d'alléger le système prêt à sombrer, ce coup de désespoir hardiment tenté par le néo-criticisme français ne le sauverait pas. La loi morale ne peut se concevoir que comme un rapport nécessaire dérivé de la nature des personnes. La rendre purement formelle, ce n'est pas l'épurer, c'est la détruire. C'est aussi donner à l'esprit humain une consigne de soldat prussien; voici le mot d'ordre : *sic volo, sic jubeo, sit pro ratione voluntas*. C'est une école d'obéissance passive, en dépit de la déclaration d'autonomie de la volonté. Et que de contradictions! tantôt on déclare que l'humanité est une *fin en soi* et que c'est pour cela qu'elle doit être sacrée, comme si l'on pouvait connaître une *chose en soi;* tantôt pour justifier le précepte qui consiste à rendre universelle la maxime de notre action, par exemple pour interdire le mensonge qui rendrait impossibles les relations entre les hommes, on invoque purement et simplement l'intérêt, l'utilité générale. Sommer la métaphysique de se soumettre à la morale et de se démettre en faveur de la raison pratique, c'est donc détruire la morale elle-même, car elle réside tout entière dans la possibilité de concevoir des relations entre les êtres, par exemple entre le père et le fils, le bienfaiteur et l'obligé. On nous offre un impératif catégorique qui justifierait au besoin de la vie d'un Stylite au sommet de sa colonne ou le zèle d'un solitaire de la Thébaïde arrosant une branche morte plantée dans le sable, et on invoque

pour la justifier le respect des personnes morales et l'utilité
générale! C'est un devoir de croire au devoir, nous dit-on,
mais comment justifiez-vous le premier devoir, celui de
croire, et comment s'empêcher de traduire : c'est un devoir
de se convertir au kantisme et d'admettre les yeux fermés
tout ce qu'il implique de conséquences et tout ce qu'il entraîne de contradictions. La primauté de la raison pratique
sur la raison spéculative n'est que la primauté de votre système sur le mien érigée en dogme et imposée comme article
de foi : on n'est ni plus habile ni plus audacieux. Kant a dit :
« Hors de mon église point de morale et, partant, point de
salut », et on l'a cru sur parole. Il me faut des raisons spé-
culatives pour soumettre ma raison spéculative et même
pour l'abdiquer. On s'en va répétant que la métaphysique,
en se subordonnant à la morale échangera son antique suprématie scientifique contre une suprématie bien plus précieuse,
suprématie morale dont elle était dépossédée, dit-on, depuis
Socrate, et que Kant lui a rendue. La métaphysique ne
réclame aucune suprématie, et celle qu'on lui offre est fort
illusoire : on l'invite à se scinder, disons le mot, à se sui-
cider, et on se flatte de la décapiter par persuasion. Encore
si, par cette mesure radicale, on plaçait la morale en dehors
et au-dessus des discussions philosophiques et, comme dit
Montaigne, du tintamarre des cervelles, mais on semble
oublier qu'en y regardant de très près, Hamilton n'a pu trouver que huit positions de l'esprit méditant sur le problème
de la réalité extérieure, tandis que Varron, dès l'antiquité,
avait catalogué, selon saint Augustin, deux cent quatre-ving t-
huit définitions du souverain bien! On ne cessera pas pour
cela de répéter que la morale est ce qui nous divise le moins.

Que j'aime mieux, au lieu de cette orthodoxie kantienne qui

n'est que votre doxie à vous, me contenter, avec Ampère
et Cournot, de la probabilité philosophique, « si déplaisant,
dit ce dernier, que le mot soit à certaines oreilles ». J'ai
toujours admiré les belles paroles qui terminent le livre de
l'*Intelligence* : « Ici, dit M. Taine, nous sommes au seuil
de la métaphysique : à mon sens, elle n'est pas impossible.
Si je m'arrête, c'est par sentiment de mon insuffisance ; je
vois les limites de mon espèce, je ne vois pas celles de l'esprit humain. » Un philosophe qui ne confond pas les limites
de son esprit avec les limites de l'esprit humain, c'est un
spectacle si rare que ces paroles mériteraient d'être écrites
en lettres d'or. La raison divisée contre elle-même succom-
berait à brève échéance et peut-être entraînerait la morale
dans sa ruine, la morale qui est comme la science, chose
humaine, démontrable, progressive. Je sais bien que l'hypothèse des Relations souffre des difficultés, et Biran a touché
le point vulnérable : elle pose ce qu'elle doit prouver, objection qu'on a mille fois faite à Descartes, qui justifie son critérium de l'évidence par la véracité divine après avoir
démontré Dieu par le critérium de l'évidence, — et à Stuart
Mill qui justifie les inductions de détail par une vaste induction préalable qu'elles justifient à leur tour. C'est une loi de
l'intelligence humaine : il faut supposer le problème résolu
pour le résoudre et les mathématiciens ne songent pas à se
révolter contre cette condition première de toute recherche,
contre cette loi qui nous condamne à l'invention et au
progrès. L'oiseau est ainsi condamné à se servir de ses
ailes avant de les avoir expérimentées, et pour apprendre
à nager, il faut d'abord se jeter à l'eau. Le mot du progrès
dans les sciences est celui de Danton : « De l'audace et encore
de l'audace. »

Aujourd'hui la philosophie française paraît manquer, non seulement d'audace, mais d'initiative : elle se fige dans le criticisme, elle semble prise dans une mer de glace et réduite à l'immobilité. Racine disait dans ses moments de découragement : « Que ne me suis-je fait chartreux! » A notre époque, il est bien porté pour un philosophe, revenu de tout, et qui désespère malgré Descartes, malgré Ampère, de trouver des rapports nouveaux, de se faire non pas chartreux, mais criticiste. On passe le reste de ses jours à commenter le texte sacré, à le citer en allemand d'après les bonnes éditions, à chanter les louanges, j'allais dire les litanies du *Grand stoïcien moderne*, du *Maître du devoir*, du *Roc de la Baltique*. Osons avec Ampère les interrompre par une protestation convaincue et jeter dans le concert une note discordante : Kant n'est que le dernier et le plus grand des scolastiques, le Raymond Lulle du XVIIIe siècle. Le mot de Pascal reste vrai : « Toute notre dignité consiste dans la pensée. C'est de là qu'il faut nous relever. *Travaillons donc à bien penser : c'est le principe de la morale.* »

Tout notre malheur vient de notre ignorance obstinée des procédés rigoureux de la physique et de la géométrie. Platon avait écrit sur la porte de son École : « Nul n'entre ici s'il n'est géomètre. » Nous avons mal lu et traduit étourdiment : « Nul n'entre ici s'il n'est pourvu du baccalauréat ès sciences restreint. » Il n'est que temps de rétablir le texte et de rectifier la traduction. Notre doux quiétisme métaphysique longtemps bercé de rêveries germaniques s'effraye au seul énoncé du laborieux problème que la théorie des Relations pose au philosophe : démontrer que Dieu et l'âme sont des hypothèses dont le savant ne peut se passer; chercher, en supposant même qu'il n'y ait ni Dieu ni âme, quel Dieu et quelle âme il faudrait inventer pour que les rigoureuses exigences de nos théories scientifiques soient pleinement satisfaites. Il est assurément plus simple d'invoquer les croyances naturelles, sans se soucier de transformer les thèses spontanées de la conscience en hypothèses vérifiées de la raison, de proclamer qu'il existe une certitude morale supérieure à la certitude de raisonnement et, comme dit Pascal, de « se crever agréablement les yeux » en affectant de croire que la morale n'est pas elle-même une science et qu'elle ne relève pas, à ce titre, de la pensée et de la raison.

A son dernier voyage à Lyon, déjà frappé de la maladie qui devait le tuer quelques semaines après à Marseille, Ampère s'entretenait avec son ami Brédin de sa théorie métaphysique. Il mettait à la discussion sa fougue ordinaire, tout son génie et tout son cœur, et, comme son ami lui conseillait de ménager ses forces et de songer à sa santé : « Ma santé, s'écria-t-il, il s'agit bien de ma santé! Il ne doit être question entre nous que de ce qui est éternel! » L'éternel à ses yeux, c'est Dieu même et les Relations, fragments d'éternité dans l'esprit humain.

F I N

TABLE DES MATIÈRES

LYON. — IMPRIMERIE PITRAT AÎNÉ, RUE GENTIL, 4.

www.ingramcontent.com/pod-product-compliance
Lightning Source LLC
Chambersburg PA
CBHW072224270326
41930CB00010B/1983